競争を味方につける
マーケティング

脱コモディティ化のための新発想

COMPETITIVE CONTEXT
AS MARKETING RESOURCES

――――

勝又壮太郎 × 西本章宏

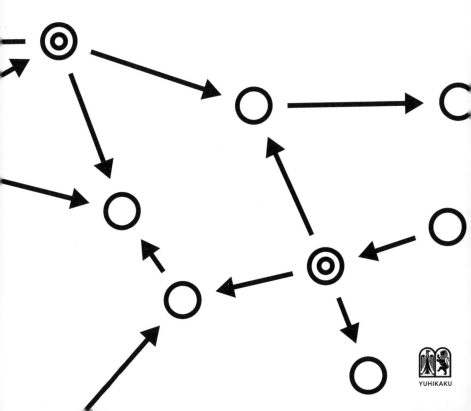

●●● はじめに ●●●

「どんなに競争の激しい市場にも必ずチャンスは潜んでいる」

　本書が，読者に最も伝えたいメッセージである。昨今のあまりにも狂騒的な競争に悲観的になる企業（とくにマーケティング担当者）への一助になるべく，マーケティング競争を勝ち抜くための新たな戦略的示唆を提供することが本書の役割だと考えている。

　本書では，いかにマーケティング競争を理解すべきかが，競争を勝ち抜くためには，最も重要な姿勢であることを主張している。そして，本書では，競争に潜む「マーケティング戦略資源」を見出すことが，競争を勝ち抜くための１つの方法であることを示している。具体的には，消費者が直面する２つの選択機会に注目し，マーケティング競争の渦中にあるブランド間の関係性から「競争コンテクスト効果」というものを発掘することに注力している。

　競争コンテクスト効果とは，簡単に言えば，競争相手から受ける影響のことである。また本書で注目する選択機会の１つは，一時点の選択機会における同時決定的な消費者選択行動というマーケティング競争である。ここでは，考慮集合という「競争の場」を想定することで，考慮集合を構成する選択代替案（ブランド）の間に潜む競争コンテクスト効果を明らかにしようとしている。もう１つは，複数時点の選択機会における逐次決定的な消費者選択行動というマーケティング競争である。ここでは，考慮集合という競争の場に，時間的前後関係を想定したダイナミクスの中に潜む競争コンテクスト効果を明らかにしようとしている。

　本書を通じて，コモディティ化市場における新たな戦略的示唆として，競争は常に回避すべき対象ではなく，時に享受することで，新たな競争優位性を見出すことができることに希望をもっていただ

けることを期待している。

　本書が想定する読者は，企業のマーケター（マーケティング担当者，市場調査担当者，ブランド・マネジャーなど）をはじめとした，実際にマーケティング活動に従事している方々，マーケティングを学ぶ大学の学生と研究者である。ただし，それぞれの立場によって，求められるものに微妙な差異があることは筆者らも認識している。

　本書では，消費者調査によって収集されたデータを，統計モデルを開発して分析しているが，本文中からは可能な限りモデルの数学的背景や数式を省略している。数式があることで理解が進む場合も多いが，過度に数式があることで読みやすさが損なわれる面もあり，それによって本書が伝えたい本質的なメッセージが伝わらなければ，筆者らにとっても望ましくない。とくに本書の実証分析の結果から得られる実務的なマーケティング戦略への示唆に興味がある方は，推定結果から得られた図表をはじめとするアウトプットを見ていただき，活用していただければ幸いである。一方，統計モデルの数理的背景を理解し，自らモデルの推定や改善に取り組みたいと考えていらっしゃる読者に対しても，有用な資料を記しておきたいとも考えている。章末にモデルの数理的な説明や推定方法などを掲載することも考えたが，多くのページを割かなければならず，あまり実用的でないと判断した。そこで，モデルの詳細な説明については，別途，論文として大学の紀要に掲載することとした。長崎大学経済学部の紀要として，以下の論文を同時に出版しているので，モデルの詳細な内容に興味のある方は，こちらを参照していただきたい。

　　勝又壮太郎・西本章宏（2015），「競争市場構造分析のための諸手法」，
　　　『経営と経済』95（1・2）：163-196。

　なお，この論文はオープンアクセスであり，長崎大学学術研究成果リポジトリ NAOSITE（Nagasaki University's Academic Output SITE）

にアクセスし，検索することで誰でも無料でダウンロードすることが可能である。NAOSITE の URL は http://naosite.lb.nagasaki-u.ac.jp/ である。

ここで，本書が執筆された背景をご紹介したい。本書を執筆するきっかけとなった研究プロジェクトは，2012（平成 24）～2013（平成 25）年度にかけて，公益財団法人吉田秀雄記念事業財団から研究助成を賜り，遂行されたものである。その研究成果は，下記の報告書として，広告図書館（東京都港区）に所蔵されており，2014（平成 26）年度に準吉田秀雄賞（常勤研究者の部：第一席）を受賞している。

> 勝又壮太郎・西本章宏（2014），「消費者の製品カテゴライゼーションを起点とする市場構造分析——競争市場構造におけるマーケティング・コミュニケーション戦略」公益財団法人吉田秀雄記念事業財団報告書。

上述のとおり，本書の研究プロジェクトは，2012 年度から取り組まれたものである。2012 年度には，筆者らはそれぞれ長崎大学経済学部と小樽商科大学商学部に所属していたが，2013 年度に西本が小樽商科大学より関西学院大学商学部に籍を移し，2015 年度には勝又が長崎大学より大阪大学大学院経済学研究科へと移籍した。目まぐるしくお互いの研究環境が変わる中で，本書を執筆し続けることができたのは，下記に挙げる方々の厚きご指導・ご支援の賜物である。心より感謝申し上げたい。

本書を執筆するきっかけを与えてくださった公益財団法人吉田秀雄記念事業財団の関係者の方々には，改めて御礼を申し上げる次第である。財団からの研究助成がなければ，研究プロジェクトを遂行することもできず，本書が出版されることはなかった。さらに，研究助成を賜るとともに，審査委員の先生方からは，中間報告会等を通じて大変有益なコメントをいただいた。ここに感謝の意を表した

い。また，本書には，大阪大学経済学研究科・経済学部記念事業教員研究助成および関西学院大学個人特別研究費を受けた研究活動を通して得られた成果も含まれている。

　本書にまとめられている一連の研究成果は，各章について個別に，日本マーケティング・サイエンス学会，日本消費者行動研究学会，ISMS Marketing Science Conferenceで研究報告を行っている。これら学会で，多くの方々から有用なコメントをいただけたことで，本書の内容は大きく改善している。コメンテーターの先生方，質問・示唆をいただいた先生方には，改めてここに感謝を申し上げたい。また，本書が完成する最終段階では，長崎大学経済学部で本書の原稿を教材に「マーケティング・リサーチ」の集中講義を開講する機会を得ることができた。4日間という短い期間ではあったが，109人の学生が参加し，各章を精読してプレゼンテーションを行い，非常に有意義な議論ができたと実感している。紙幅の都合で，個別に感謝を述べることはできないが，原稿と格闘してくれた学生には改めて感謝を申し上げたい。

　そして，筆者らの大学院時代の指導教員である阿部誠先生（東京大学）と井上哲浩先生（慶應義塾大学）には，本研究プロジェクトが遂行された2年間にわたって，何度も厚きご指導・ご鞭撻を賜った。ここに感謝の意を表したい。また，慣れない著書の執筆に苦闘する筆者を辛抱強くご支援いただいた株式会社有斐閣書籍編集第2部の尾崎大輔氏にも改めて感謝を申し上げる次第である。

　最後に，筆者（勝又）を支えてくれた妻・侑希，長男・慎一郎，長女・一穂，筆者（西本）をいつも温かく見守ってくれている両親に，この場をお借りして感謝を記したい。

　　2016年1月

勝又壮太郎・西本章宏

●●● 目　次 ●●●

序章　本当に，競争の激しい市場は儲からなくなる？　　1
●マーケティング競争とコモディティ化

はじめに (2)
[プロローグ 1] 競争を狂騒化させるコンビニエンス・ストア ……… 3
[研究背景 1] マーケティング競争 ………………………………… 8
[プロローグ 2] コンビニ・コーヒーの台頭による
　　狂騒的マーケティング競争 ………………………………… 10
[研究背景 2] コモディティ化へと誘う狂騒的マーケティング競争 … 13
本書の目的 ………………………………………………………… 16
本書の構成 ………………………………………………………… 18

第Ⅰ部　競争に潜むチャンスをつかむための視点

第1章　なぜ，そのブランドは選ばれるのか？　　23
●消費者選択行動と競争市場構造分析

はじめに (24)
1　消費者選択行動の視座 ………………………………………… 24
2　一時点の選択機会における消費者選択行動と競争市場構造分析 … 25
3　複数時点の選択機会における消費者選択行動と競争市場構造分析
　　…………………………………………………………………… 29
4　選択機会とマーケティング競争 ……………………………… 33
5　まとめ──消費者選択行動と競争市場構造分析 …………… 35

第2章　どのように競争を理解するのか？　　37
●競争市場構造分析とポジショニング戦略

はじめに (38)
1　分析事例の視座 ………………………………………………… 38

2 [分析事例1] ブランド選好度を用いた競争市場構造分析・・・・・・・・39
　ブランド選好度：ビール系飲料市場（40）
　ブランド選好度：チョコレート菓子市場（43）
3 [分析事例2] ブランド考慮率を用いた競争市場構造分析・・・・・・・・47
　ブランド考慮率（47）
　ブランド考慮率と選好度：ビール系飲料市場（48）
　ブランド考慮率と選好度：チョコレート菓子市場（50）
4 [分析事例3] 消費者選択行動性向を用いた競争市場構造分析・・・・52
　消費者選択行動性向とブランド考慮率：ビール系飲料市場（52）
　消費者選択行動性向とブランド考慮率：チョコレート菓子市場（53）
5 まとめ――競争市場構造分析とポジショニング戦略・・・・・・・・・・・・・55

第3章　競争のルールを変えるブランドたち　　59
●消費者選択行動とコンテクスト効果

　はじめに（60）
1 消費者選択行動におけるコンテクスト効果・・・・・・・・・・・・・・・・・・・・60
2 消費者選択行動における競争コンテクスト効果・・・・・・・・・・・・・・・63
　同時決定的な消費者選択行動における競争コンテクスト効果（64）
　逐次決定的な消費者選択行動における競争コンテクスト効果（66）
3 選択機会と競争コンテクスト効果・・・・・・・・・・・・・・・・・・・・・・・・・・・67
**4 プロポジション――脱コモディティ化戦略としての
　　競争コンテクスト効果**・・・・・・・・・・・・・・・・・・・・・・・・・・・・・・・・・・・・69

第Ⅱ部　競争を読み解くための実証分析

第4章　競争を読み解くためのリサーチ・デザイン　　73

　はじめに（74）
1 調査対象とリサーチ・デザイン・・・・・・・・・・・・・・・・・・・・・・・・・・・・・74
　調査対象市場（74）
　調査対象ブランド（76）
　調査デザイン（79）

2 測定項目——考慮集合と消費者選好 ……………………… 79
考慮集合の測定（79）
消費者選好の測定（80）

3 測定項目——消費者知識 ……………………………………… 83
精通性と専門知識力（84）
消費者知識の測定（85）
消費者選択・購買行動性向の測定（89）

4 調査結果の概要 ………………………………………………… 91
考慮集合サイズ（91）
消費者知識（92）
消費者選択・購買行動性向（94）
消費者属性（95）

5 まとめ——リサーチ・デザイン ……………………………… 95

第5章　消費者の選択行動から競争を読み解く　　97
●考慮集合と消費者選択行動

はじめに（98）

1 ［事前分析1］考慮集合と消費者選択・購買行動 …………… 98

2 ［事前分析2］考慮集合と消費者知識・属性 ………………… 101
考慮集合への所属・選択確率（101）
［分析結果1］ビール系飲料市場（106）
［分析結果2］チョコレート菓子市場（112）

3 まとめ——考慮集合と消費者選択行動 ……………………… 119

第6章　一時点の競争に潜むチャンスをつかまえる　　121
●同時決定的な消費者選択行動における競争コンテクスト効果

はじめに（122）

1 同時決定的な消費者選択行動 ………………………………… 122
モ デ ル（122）
データの概要と対立モデル（124）

2 ［分析結果1］ビール系飲料市場 ……………………………… 125
モデル比較（125）

消費者知識と消費者属性（126）

競争コンテクスト効果（128）

3　［分析結果2］チョコレート菓子市場 ･･････････････････････132

モデル比較（132）

消費者知識と消費者属性（133）

競争コンテクスト効果（135）

4　選択確率と競争コンテクスト効果 ･･････････････････････････137

競争コンテクスト効果：消費者選好レベル vs. 消費者選択レベル（137）

シミュレーション：消費者選択行動における競争コンテクスト効果（138）

選択確率の試算結果：チョコレート菓子市場（139）

選択確率の試算結果：ビール系飲料市場（145）

5　まとめ──同時決定的な消費者選択行動における
　　競争コンテクスト効果 ･･････････････････････････････････148

第7章　複数時点の競争に潜むチャンスをつかまえる　　151

●逐次決定的な消費者選択行動における競争コンテクスト効果

はじめに（152）

1　逐次決定的な消費者選択行動 ･････････････････････････････152

競争コンテクスト効果の定義（153）

モ デ ル（154）

データの概要と対立モデル（157）

2　［分析結果1］ビール系飲料市場 ･････････････････････････157

モデル比較（157）

競争コンテクスト効果：集計レベル（158）

競争コンテクスト効果：ブランド異質性（159）

競争コンテクスト効果：消費者異質性（164）

3　［分析結果2］チョコレート菓子市場 ･･････････････････････165

モデル比較（165）

競争コンテクスト効果：集計レベル（165）

競争コンテクスト効果：ブランド異質性（166）

競争コンテクスト効果：消費者異質性（169）

4　ディスカッション──逐次決定的な消費者選択行動に潜む
　　競争コンテクスト効果のメカニズム ････････････････････170

5 まとめ──逐次決定的な消費者選択行動における
　　競争コンテクスト効果 ･････････････････････････････172

終章　どんなに競争の激しい市場にも必ずチャンスは潜んでいる　173
　　　　　　　　　●脱コモディティ化戦略としての競争コンテクスト効果

はじめに（174）

1　本書の貢献 ･･174
　マーケティング競争の再考（174）
　競争コンテクスト効果（175）
　マーケティング戦略資源としての競争コンテクスト効果（176）

2　脱コモディティ化のためのマーケティング戦略 ･･････････181
　同時決定的な消費者選択行動における戦略的示唆（181）
　逐次決定的な消費者選択行動における戦略的示唆（183）

3　おわりに ･･186

注　　　187
参考文献一覧　　199
索　　引　　211

序章

本当に，競争の激しい市場は儲からなくなる？
マーケティング競争とコモディティ化

▶ はじめに

　本書の背景には，昨今の熾烈なマーケティング競争がある。とくに，日本をはじめとした，成熟した先進国の市場で生き残っていくためには，企業は，他社のブランドとの競争に勝てるような製品・サービスを開発し，市場に投入し続けていかなければならない。しかし，当然のことながら，おそらく競合する企業も同じ努力をしているだろう。競争はさらなる競争を生み，一時は競争に勝利したブランドにも，絶えず新たな挑戦者が現れる。スマートフォンが普及するきっかけとなった iPhone 3G が日本市場に参入した 2008 年 7 月以降，それまでは繁栄を誇ってきた各業界（コンパクト・デジタルカメラや携帯音楽プレーヤー，ゲーム機，簡易型カーナビゲーションなど）の今日の苦戦を見ても，競争は，企業にとって何よりの脅威となる存在であることがよくわかる[1]。例外的な企業を除けば，競争を無視するということは，自らの存在意義に終止符を打っているようなものであろう。

　さて，本書では，何よりもまず「競争」に注目していくわけだが，こうした競争を繰り返していくことは，果たして企業の持続的な成長にどれほど貢献しているのだろうか。残念ながら，これまでの研究から，競争し続けることで得られる優位性には限度があることがわかっている[2]。不断の競争によって各社が高い技術力を獲得し，より高性能の製品・サービスを市場に投入することができるようになると，企業は，それを購買・利用する消費者を無視するほどまでに，わずかな差別化の追求に奔走してしまうことが数多くの事例研究からも明らかにされている。その差別化は，消費者の理解を超越した次元で競争を繰り返してしまうことで，いざ店頭などで実際に購買を検討する消費者の立場に戻ると，「どれも同じくらい魅力的な製品・サービスなのだから，一番安いものにしよう」という，これまでの不断の努力が水の泡となってしまうようなお粗末な競争優位性しか生み出さなくなってしまう。このような現象を「コモディティ化」という。本書を始めるにあたって，以下では，今日の競争

を「狂騒化」させている一例として，コンビニエンス・ストア業界の現状をプロローグとして紹介する。そして，コンビニ・コーヒーを事例にマーケティング競争とコモディティ化の関連性について詳述したうえで，本書の目的を示していく。

［プロローグ1］競争を狂騒化させるコンビニエンス・ストア

　今日の競争を「狂騒化」させている要因として，強大な小売パワーをもつコンビニエンス・ストア業界を無視することはできない。店舗当たり数万品目を扱うスーパーマーケットに対して，コンビニエンス・ストアの品揃えは，業界最大手のセブン-イレブンでもわずか約2800品目である[3]。しかし，その業界全体の売上高は，ついに2014年度に10兆円を超え（前年度比3.7％増の10兆1718億円），店舗数は，5万5709店（前年度比5.3％増）にまで達した（図0.1）[4]。大手3社による寡占化が進み，強大な小売パワーを背景とした徹底した売上至上主義による商品選定は，今日の競争圧力を高めている大きな要因となっている（図0.2）。また，コンビニエンス・ストアの商品棚は，1年間に約7割が入れ替わり，1週間で発売される食品や飲料，日用品などの新商品は約100種類にのぼる[5]。また，売場面積が小さく品揃えが限定的であることから，同じ商品カテゴリーで陳列できるナショナル・ブランド（以下，NB）は2～3品目と限られている[6]。つまり，競争の土俵に上がることさえ，また異なる競争に勝ち残らなければならない状況なのである。しかし，その競争を勝ち抜いたとしても，NBは，コンビニエンス・ストアへの来店客を奪い合うための目玉商品として，クーポン割引や期間限定割引の対象にされているのが現状である[7]。

　こんな状況に追い打ちをかける，さらに競争を助長させる一要因に，プライベート・ブランド（以下，PB）の存在がある。図0.3は，2007年に販売を開始したセブン-イレブンのPB「セブンプレミアム」の売上高の推移である。2014年度は，前年比22％増の8150

図 0.1 コンビニエンス・ストアの店舗数と売上高

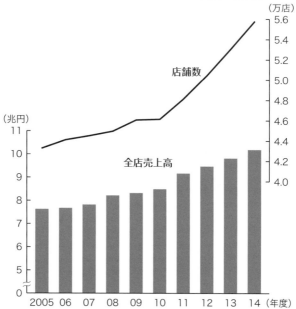

(出所)「第 36 回コンビニエンスストア調査——大手 3 社，伸び堅調，14 年度全店売上高 3.7% 増，積極出店が奏功，中堅の苦戦目立つ」『日経流通新聞』2015 年 7 月 22 日付より作成。

図 0.2 コンビニエンス・ストア業界の寡占化（2014 年度）

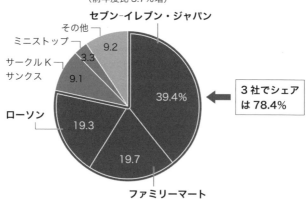

(注) フランチャイズ契約を結ぶ大規模運営会社も含む。
(出所)「コンビニ市場 10 兆円突破　昨年度本社調べ，寡占化一段と　大手 3 社，PB 武器に成長」『日本経済新聞』2015 年 7 月 22 日付朝刊より作成。

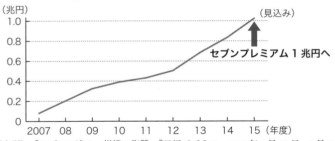

図 0.3 セブンプレミアムの売上高の推移

(出所)「セブンに迫る 規模の復讐」『日経ビジネス』2015 年 4 月 27 日・5 月 4 日合併号：34-39, より作成。

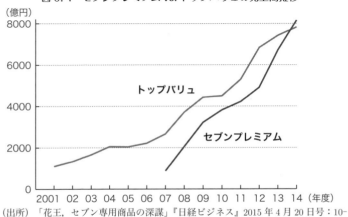

図 0.4 セブンプレミアム vs. トップバリュの売上高推移

(出所)「花王, セブン専用商品の深謀」『日経ビジネス』2015 年 4 月 20 日号：10-11, より作成。

億円の売上高となり, 2015 年度には, ついに売上高 1 兆円を超える見通しで, 年間売上高 4 兆円超のセブン-イレブンの約 25％ が PB の売上で占められているという計算である[8]。また, セブンプレミアムは, 図 0.4 にあるように, 総合スーパーのイオンが展開する約 40 年の歴史を誇る PB「トップバリュ」の売上高（2014 年度は前年度比 5％ 増の 7799 億円）をも上回り, 2014 年度は PB 市場の盟主交代となった。圧倒的に品揃えが多いトップバリュに対して売上高を上回るということは, セブンプレミアムの単品当たりの販売力

セブンプレミアムの惣菜

(提供) 時事通信フォト。

がいかに強大であるかを示している。

　限られた商品棚を勝ち取るだけでも厳しい状況の中，その商品棚さえも占拠していくPBの存在は，もはやNBを開発するメーカーにとっては，泣き面に蜂どころではない。しかし，それでもコンビニエンス・ストアという強大な販売力を無視することはできないのが現実である。

　そこで，メーカーに残された現在の選択肢は，セブンプレミアムへの対応を事例に，以下3つに整理することができる。第1は，セブンプレミアムの製造を請け負うという選択肢である。セブン-イレブンの販売力に依存せざるをえない中小規模のメーカーの中には，すべての製造ラインをセブンプレミアムの生産に転換したところもある。また，カルビーのような大手メーカーも2008年からセブンプレミアムの生産に積極的に関与している。その理由は，むしろセブンプレミアムの強大な販売力を逆手にとって，PBも含めて圧倒的な市場シェアを獲得することで，競争を終わらせるねらいがある

ようである[9]。

　第2は，PB＝自主企画品ではなく，共同企画品として，ダブルブランドによるセブンプレミアムの開発を請け負うという選択肢である。たとえば，2014年にセブン＆アイと共同でサントリー食品インターナショナルが発売した「ボス　ワールドセブンブレンド」や，翌2015年に同じく共同でコカ・コーラ・グループが発売した「ジョージア　プライベートリザーブ」などは，これにあたる。その理由はいくつかあるようだが，セブンプレミアムに協力することで関係性を深め，市場シェアを獲得するためのNBの商品棚の確保や[10]，販売活動などの細かい情報を入手することなどがねらいとしてあるようである[11]。

　そして，第3は，セブンプレミアムではなく，セブン-イレブン専用商品を販売するという選択肢である。ついに日用品最大手の花王が，2015年にセブン-イレブン専用商品として「フレアフレグランス　アーユス」を発売した。決してPBはやらないと豪語していた花王が，セブンプレミアムではないにせよ，セブン-イレブン向けに専用商品を販売したことは，業界にかなりの衝撃があった。しかし，その背景には，2つの理由があるようである[12]。1つは，市場全体に占めるコンビニ売上高比率である。先ほどの共同企画品で挙げたような飲料製品は20％程度を占めるが日用品は約2％しかない。つまり，圧倒的な小売パワーをもつセブン-イレブンであっても，花王への影響力は限定的なのである。もう1つは，市場の特徴にある。洗濯用洗剤は，花王を含む上位3社で約90％の市場シェアをとる寡占状態であり，また商品開発には，高い技術力が必要なことから参入障壁も高く，PBの比率も約2％にとどまっている。しかしながら花王は，高付加価値商品を好む消費者をつかんでいるセブン-イレブンで専用商品を販売することは，むしろ自社ブランドにとって優良顧客を取り込むチャンスであり，高価格帯の商品を販売することができる流通チャネルとして考えているようである。

ここまで，本書のプロローグとして，コンビニエンス・ストアが引き起こす熾烈な競争と，それにチャンスを見出そうとするメーカーの現状を紹介してきた。ここで，本書を始めるにあたって，伝えておきたいことが2つある。1つは，コンビニエンス・ストア業界を一例にとっても，**やはり昨今の競争は，どうしようもないくらいに厳しい状況にある**ということである。しかし，もう1つは，そうはいっても**競争という場には，やはり勝つためのチャンスが必ず潜んでいる**ということである。競争に勝ち抜くということは，競合よりも先んじてそこに潜むチャンスを模索し続けることなのかもしれない。本書は，熾烈な競争の中にも必ず潜むチャンスに希望を見出し，新たな競争優位性の獲得をめざすための1つの指針を提示したい。

［研究背景1］マーケティング競争

　いつの時代にもマーケティング競争は存在している。競争の程度こそ市場によって異なってはくるものの，企業とその組織内で市場に向き合うマーケターにとって，マーケティング競争は，いつの時代も多様な課題を創造する「狂騒的」な存在であり続けてきた。

　マーケティング研究においても，1930年代には，すでにその存在について議論がなされている[13]。そして，この議論から半世紀が経過した1980年代には，競争市場構造分析を中心とした研究が契機となり，米国マーケティング協会の発刊する学術雑誌 *Journal of Marketing Research* にて，マーケティング競争に関する特集 (special issue on competition in marketing) が掲載されるまでに至り，マーケティング戦略の策定において競争への配慮が軽視されていることに警鐘が鳴らされている[14]。

　この時代にマーケティング競争に注目が集まった理由としては，以下2つの劇的な競争環境の変化が要因として挙げられている[15]。1つは，世界的な経済成長が鈍化し，成熟期に差し掛かった時代で

表 0.1 マーケティング競争に関する今日的課題

1 マーケティング競争によって生じる問題
2 マーケティング競争の変化と長期的影響
3 マーケティング競争の程度を規定する要因
4 マーケティング競争の類型化と対応戦略
5 マーケティング競争に対するマーケターの認識
6 マーケティング競争の決定要因
7 グローバル市場におけるマーケティング競争の異質性
8 新興ビジネスにおけるマーケティング競争
9 マーケティング競争ルールの確認
10 マーケティング競争への戦略的対応分析
11 マーケティング競争の程度と経済活動への影響

(出所) Heil and Montgomery (2001),原文をもとに各課題を筆者が要約。

もあり,ビジネス環境における競争圧力が高まり,企業の持続的な成長を維持するためにも,競争を回避することが喫緊の課題となっていたということである。もう1つは,規制緩和,グローバル化,機動的な生産体制,そして急速な技術革新など,新たな競争次元が出現し始めたということである。これらのことは,昨今の競争環境を見渡しても類似した状況を目にすることができ,いつの時代も競争が企業にとって狂騒的な存在であり続けてきたことが理解できる。

その後も,時代の経過とともに,急速に変化する競争環境に対して,マーケティング競争の存在は,研究上ますます重要な位置づけを占めていくことになる。1990年代には,INSEAD（欧州経営大学院）でマーケティング競争に関するマーケティング・キャンプが開催されている。その後,経営科学の国際学会であるINFORMS (Institute for Operations Research and the Management Sciences) を中心とした協賛による国際会議がドイツで開催され,約50人の研究者と30人の経営者が参加し,マーケティング競争に関してさまざまな議論がなされている。

2000年代には,学術雑誌 *International Journal of Research in Marketing* において,再びマーケティング競争に関する特集 (special issue on competition and marketing) が組まれ,表0.1に示すように,

将来的に明らかにしていかなければならないマーケティング競争に関する課題がリストアップされる。

そして、2010年代の半ばに差し掛かった今日においても、競争環境の変化が収まる兆しはなく、むしろその勢いは増すばかりである。競争が存在しない未来など、期待するほうが愚かであろう。

[プロローグ2] コンビニ・コーヒーの台頭による狂騒的マーケティング競争

プロローグ1でも紹介したように、コンビニエンス・ストア業界を中心とした昨今のマーケティング競争には、本当に驚かされることが多い。その最たる事例が、ここ2〜3年のコンビニ・コーヒーの台頭が引き金となって狂騒化したコーヒー業界である。以下では、コンビニ・コーヒー市場を中心とした家庭外コーヒー市場の狂騒的マーケティング競争を垣間見ていきたい[16]。

コンビニ・コーヒーが台頭したのは2013年である。2012年にサークルKサンクスが「淹れたてコーヒー」として先駆けて全国展開し、ローソンの「マチカフェ」やファミリーマートの「あじわいファミマカフェ」が追随し、最後発のセブン-イレブンが2013年1月に「セブンカフェ」として参入し、市場を急拡大させていった。セブンカフェは、最後発ながらも強力な流通チャネル網を駆使して、2013年には年間販売4.5億杯を達成し[17]、日本のコーヒー総消費量も2013年1〜9月で前年比4%増の33万4000トンにまで増加させた[18]。また、セブンカフェはその後も快走を続け、2014年度には年間販売7億杯を達成し、2015年度はさらに20%増の8.5億杯を見込んでいる[19]。もちろん、セブンカフェ以外の大手コンビニ各社もコンビニ・コーヒー市場での生き残りをかけ、新製品開発や価格の引き下げ、関連商品の陳列に躍起になっている[20]。

その一方で、深刻なのが家庭外コーヒー市場最大の缶コーヒーである（図0.5）。コンビニ・コーヒー市場の急拡大により、缶コーヒ

店頭に設置されたセブンカフェのマシン

(提供) 時事通信フォト。

図 0.5　家庭外コーヒー市場

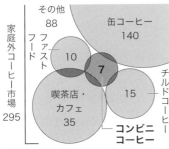

(注)　業界推計, 2013 年見込み, 単位は億杯。
(出所)　「乱戦コーヒー (上) 攻めるコンビニ「缶」守勢, セブン年間 4.5 億杯」『日本経済新聞』2013 年 12 月 10 日付朝刊より作成。

図 0.6　缶コーヒー市場の動向

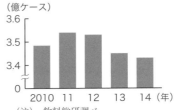

(注)　飲料総研調べ。
(出所)　「缶コーヒー, 苦肉の「PB」, 日本コカ, セブンに供給, 棚確保へ共同ブランド」『日本経済新聞』2015 年 4 月 4 日付朝刊より作成。

ーやペットボトルのコーヒー市場は 2013 年 1〜6 月には前年比 3％減となるなど縮小し[21]，現在も市場は縮小傾向が続いている状態である (図 0.6)。

そこで，メーカー各社は，持ち運べる利便性を追求したボトル缶コーヒーや[22]，製法や原料で商品力を高めた新製品を投入して，なんとか差別化を図ろうとしている[23]。また，PB 商品は決してつ

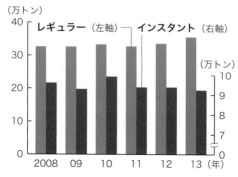

図0.7 インスタントコーヒー市場の動向

(注) 生豆ベース,全日本コーヒー協会調べ。
(出所) 「ネスレ,コーヒーマシン無償で50万件,20年までに3倍,長距離トラックや高齢者施設に設置 専用の粉販売で稼ぐ」『日本経済新聞』2014年8月28日付朝刊より作成。

くらないとしてきたコカ・コーラ・グループが,前述したようにセブン-イレブンと共同企画の缶コーヒーを展開するなど,特定のコンビニに向けて専用商品を供給することで関係を深めて,いかに限られた売り場の棚を確保するかで競争力を高めることを試みている[24]。

その他の家庭外コーヒー市場でも,コンビニ・コーヒーの台頭によって競争が激化している。インスタントコーヒー市場も縮小が進む中で,市場シェア7割のネスレ日本は,業界団体を退会してまで,新製法のインスタントコーヒーを開発し,「インスタント」の名称を変更してレギュラーソリュブルコーヒーとして発売している(図0.7)[25]。また,企業向けに独自開発したコーヒーマシンを無償で貸し出す「ネスカフェアンバサダー」の設置場所を拡大したり,「ネスカフェ」のサテライト店を増やすことで差別化を図ろうとしている[26]。

スターバックス等のカフェ・チェーンも,コンビニ・コーヒー市場の急拡大の影響を受けている。微減ながらも同様に市場縮小が進む中で,カフェ・チェーン大手はフードメニューの充実や高級豆を

使用したコーヒーの品質向上で差別化を図ろうとしている[27]。また，コメダ珈琲店のようなフルサービス喫茶店は，出店攻勢をかけることで差別化を図ろうとしている[28]。

　ここまで，コンビニ・コーヒーの台頭による昨今の家庭外コーヒー市場を振り返ってきたが，狂騒的なマーケティング競争の中で，いかに各社，各ブランドが覇権を握ろうと熾烈な競争を繰り広げているのかがわかる。まさに，レッドオーシャン（競争の激しい既存市場）である。そして，競争環境の変化を適切に把握することが，マーケティング戦略上，いかに重要な位置づけを占めることになるかも明らかである。この狂騒的な競争の変化に的確かつ柔軟に対応していかなければ，瞬く間に市場から淘汰されていくことは間違いない。

[研究背景2] コモディティ化へと誘(いざな)う狂騒的マーケティング競争

　プロローグ2では，コンビニ・コーヒー市場の台頭によって，家庭外コーヒー市場がレッドオーシャンとなり，いかに的確かつ柔軟に競争に対応していかなければならないかを示してきた。この狂騒的な競争に対応していくことは，企業にとって避けて通れない運命である。しかも競争の果てにマーケターがたどり着く場所は，決して希望に満ちた世界などではなく，コモディティ化した市場である。本節では，なぜ競争の果てにはコモディティ化が待ち受けているのかを説明していきたい。

　コモディティ化とは，「差別化をめぐる競争が成熟化していく中で競争次元が同質的になり，消費者が十分に製品間の異質性を知覚することができなくなることで，競争の主軸が価格へと収斂してしまう現象」のことである[29]。つまり，マーケターが仕掛ける差別化が，もはや消費者にとっては差別化にはならず，結果的に価格でしか違いを理解してもらえなくなってしまう（競争できなくなってし

まう）現象のことである。競争の果てにコモディティ化が待ち受けていることは，以下の論理から説明することができる。

ハーバード・ビジネス・スクールのクレイトン・クリステンセン[30]は，それまで技術的側面に焦点が当てられがちであった「イノベーション」について，マーケティングを含む組織のあらゆる機能にまで拡張し，「破壊的イノベーション」が起こるプロセスを持続的技術と破壊的技術という双方の相互作用から説明している。持続的技術とは，多数の消費者にとって，既存製品よりも優れた性能を実現可能とする漸進的または連続的な技術のことであり，新しい技術と呼ばれるものの大半（たとえば，あるメーカーが新製法の缶コーヒーを発売するなど）をいう。一方で，破壊的技術とは，多数の消費者にとっては，一時的には既存製品よりも性能を引き下げてしまう技術であるが，少数の消費者にとっては評価される，従来の差別化を破壊するような技術（たとえば，コンビニ・コーヒー）のことである。そして，持続的技術の追求が，時として多数の消費者が求める性能の水準を上回ってしまうこと（たとえば，各メーカーがあまりにも多くの新製法による缶コーヒーを発売することでブランド間の味の違いがわからなくなる）で，少数の消費者にのみ評価されていた破壊的技術が受容される機会が創造されることを明らかにしている（図0.8）[31]。そして，従来の持続的技術によって成功してきた企業が，その持続的技術に固執してしまい，破壊的技術への適応に失敗してしまう「イノベーションのジレンマ」についても明らかにしている。クリステンセンは，「破壊的イノベーション」と「イノベーションのジレンマ」のメカニズムを明らかにし，持続的技術がオーバーシュートしてしまう（多数の消費者が求める性能の水準を上回ってしまう）ことを示しているが，この現象は，まさにマーケティング競争上のコモディティ化に至るプロセスなのである。

クリステンセンの示唆が契機となって，クリステンセンとレイノール[32]では，持続的技術がオーバーシュートしてしまうことで，破壊的イノベーションが受容される機会が創造されることに焦点が

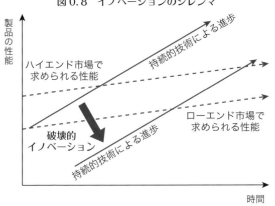

図 0.8 イノベーションのジレンマ

(出所) Christensen (1997).

当てられ，コモディティ化について直接的な言及がなされている。加えて，コモディティ化には，需要側の要因として「オーバーシュート」が，供給側の要因として「モジュール化」があることを指摘している。オーバーシュートとは，先にも述べたように一定水準以上の持続的技術による競争が，消費者にとって十分な差別化として認識されず，消費者の支払意思額に反映されないことを示す。一方で，モジュール化とは，過当な持続的技術による競争が製品ライフサイクルを短期化してしまうため，競合よりも早期に新製品を市場に投入しようとする圧力が高まることから，標準化された製品設計が採用されやすくなり，新製品の性能が画一化してしまうことをいう。そして，これらコモディティ化の原因について丹念に言及する中で，「どれほど驚異的なイノベーションも，いつか必ずコモディティ化される運命にある」ことを指摘している[33]。

需要側の要因に注目したクリステンセンに対して，ハーバード・ビジネス・スクールのヤンミ・ムン[34]は，供給側の要因に注目してコモディティ化について言及している。ムンは，製品ライフサイクルを前提とするマーケティング戦略がコモディティ化の原因であることを指摘している。とくに，熾烈な差別化競争の中で，製品ラ

イフサイクルの存在を前提としたマーケターの意思決定が，既存製品を不必要に成熟化させていることに警鐘を鳴らしているのである。そして，ムンはその後の研究[35]において，自らのそれまでの研究成果を発展させ，製品ライフサイクルを前提としたマーケティング競争の中で生じるコモディティ化の原因を，「有機的共謀」という概念で明らかにしている。有機的共謀とは，競争が加熱することで，競合企業が互いに他社の差別化に敏感になり，すばやく反応（たとえば，モジュール化）し，同調しようとする競争対応のことをいう[36]。その結果，製品間の異質性が失われ，消費者には画一化された製品群として知覚されてしまう「異質的同質性」が生じることを指摘している。そして，これまでの研究と同様に，過度の競争によって生じる有機的共謀の結果，差別化そのものさえもコモディティ化してしまうことを「進歩の逆説」という概念で指摘している[37]。

　ここまで，コモディティ化に関するいくつかの研究から，その原因とプロセスを詳述してきたが，これら先行研究を参照した諸研究も含めて共通することは，多様な競争への対応戦略が提唱される中で，マーケティング競争を含む競争の結末は，コモディティ化という価格競争への帰着だということである[38]。

本書の目的

私たちが避けようのないものに文句をつけ反抗してみたところで
　　　避けようのないもの自体を変えることはできない。

Dale B. Carnegie

　世界中で大ベストセラーとなり，国内でも200万部以上の売上を記録したデール・カーネギー[39]のこの指摘は，前節までの議論の本質をよくとらえている。コモディティ化というマーケティング競争の結末は，マーケターにとって避けようのない運命である。避けようのないものに不断の努力を費やしても，結局はコモディティ化

を先送りにしているだけにすぎない。

　そこで，本書の目的は，このマーケティング競争の果てにあるコモディティ化という価格競争から脱却するチャンス（脱コモディティ化）を見出すことである。

　コモディティ化を回避しようと，マーケティング戦略では，ポジショニング戦略やブランディングなど，数えきれないほどの戦略提案がなされてきた。しかし，それゆえ競争への対応に関する戦略は，差別化という基本戦略によって，マーケティング競争をいかに回避していくかということばかりに主眼が置かれてきたように思える。

　しかし，先述したように，今日の狂騒的な競争においては，競争そのものから回避するためのマーケティング戦略を策定することは，並大抵のことではない。また，革新的に差別化された製品やサービスを開発し，競争のイニシアチブを獲得できたとしても，すぐに競合は不断の努力によって同様の製品・サービスを市場に投入し，また新たな競争が展開されていくだけである。そんな狂騒的な競争の中では，消費者にとって，次第にブランド間の違いが理解できなくなるほどに同質的な製品やサービスを市場に投入せざるをえなくなる[40]。そして，自らのブランドの独自性を見失ったマーケターは，最後に残されたマーケティング戦略を実行する。すなわち，競合よりも価格を下げることによって差別的な競争優位を獲得しようとする価格戦略である。これがコモディティ化が引き起こす問題の正体である。もちろん，このようなマーケティング競争は，マーケターが積極的に受け入れようとしているものではない。各々が最大限の努力をして，健全な競争を展開すればするほど，必然的に起こりうる状況なのである。

　だからこそ，本書では，マーケティング競争を「**常に回避すべきではない**」と考える。競争を回避することばかりを考えてしまえば，多くの場合，必然的に価格競争に巻き込まれてしまう。むしろマーケティング競争というコンテクスト（文脈・状況）も1つの「マーケティング戦略資源」として活用することで，新たな競争優位性を

見出すことができるのではないだろうか。本書では，そんな脱コモディティ化の可能性を探っていきたい[41]。

本書の構成

本書の背景と大目的を詳述したところで，次に構成について整理しておきたい。本書は，全9章，大きく2つの部で構成されている

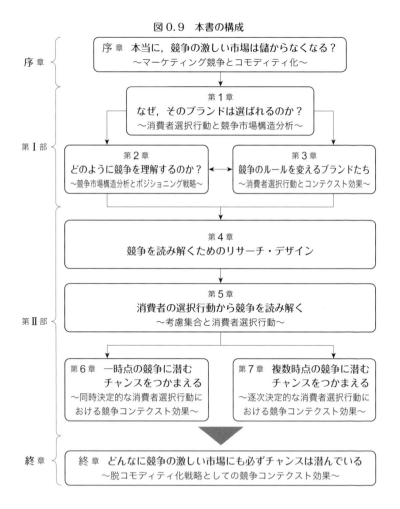

図0.9 本書の構成

(図0.9)。序章では，2つのプロローグからマーケティング競争とコモディティ化の関係を明らかにし，本書の解題とした。

第Ⅰ部の第1章から第3章までは，競争の中でチャンスをつかむための視点を，これまでの先行研究とともに見ていく。第1章では，本書で注目したい「競争」の姿を明らかにするために，消費者選択行動と競争市場構造分析の関連性について検討する。消費者選択行動とは，まさにマーケティング競争が繰り広げられている瞬間である。また，本章でも先述したように，その瞬間を明らかにすることは，競争市場構造分析との関連が深い。とくに，第1章では，消費者が直面する2つの選択機会に注目し，3つの消費者選択行動に関する視座（考慮集合，ブランド・ロイヤルティ，バラエティ・シーキング）について詳述する。また，それぞれに対応する競争市場構造分析に関する一連の研究を整理する。

第2章では，第1章で紹介した競争市場構造分析の手法を用いて，どのように「競争」の姿を明らかにすることができるのか，本章の実証分析でも調査対象となるビール系飲料とチョコレート菓子の市場を分析対象として，その有効性を確認する。また同時に，これまでの競争市場構造分析の限界についても考察し，その改善点を明らかにし，本書で注目していきたい新たな視点を示していく。

第3章では，「競争」の中にも必ず潜むチャンスをみつけるために，新たな視点として，消費者選択行動の選択機会におけるコンテクスト効果に注目し，本書の鍵概念となる「競争コンテクスト効果」について，そのコンセプトを提案する。

第Ⅱ部の第4章から第7章までは，本書の焦点となる調査の概観とそれに基づく実証分析について，詳しく議論する。第4章では，脱コモディティ化のための競争コンテクスト効果を検証するためのリサーチ・デザインと基礎的な集計結果について詳述する。

第5章では，マーケティング競争に潜む競争コンテクスト効果を明らかにするために，考慮集合という観点から，本書の調査対象となる2つの競争市場構造（ビール系飲料とチョコレート菓子）について，

2つの事前分析を行っている。

　第6章では，同時決定的な消費者選択行動という一時点での「競争の瞬間」に潜む競争コンテクスト効果を検証するために，ブランド異質性を事前構造に仮定した競争市場構造分析モデルを提案し，その分析結果について詳述していく。

　第7章では，逐次決定的な消費者選択行動という複数時点での「競争の瞬間」に潜む競争コンテクスト効果を検証する。消費者異質性とブランド異質性を事前構造に仮定したモデルによる競争市場構造分析を提案し，その分析結果について詳述していく。

　終章では，本書のまとめとして，実証分析の結果から得られた示唆を，どのようにマーケティング戦略に活用していくことができるのかについて議論を展開している。そして最後に，「マーケティング戦略資源」という研究視点から今後の展望を示し，本書のまとめとしている。

COMPETITIVE CONTEXT AS MARKETING RESOURCES

PART I

競争に潜むチャンスをつかむための視点

第 1 章

なぜ，そのブランドは選ばれるのか？
消費者選択行動と競争市場構造分析

▶ はじめに

　いかなる市場においても，消費者の選択行動があり，そこには必ず選ばれるブランドと選ばれないブランドが存在する。消費者が選択（購買）するその瞬間は，まさに「競争に決着がついた瞬間」である。では，その決着の瞬間に至るまでには，どのような競争が繰り広げられているのであろうか。本章では，選択（購買）するブランドを決定する瞬間までに繰り広げられる消費者の選択行動に注目し，消費者がブランドを選択する際のプロセスとメカニズムについて検討していく。また，消費者が直面する2つの選択機会を焦点とし，これまでの消費者選択行動の研究を整理し，本書で注目すべき「競争」の姿（消費者選択行動をとらえる視点）を示していきたい。

1　消費者選択行動の視座

　消費者選択行動[1]については，これまでのマーケティング研究の中では，購買意思決定プロセスにおける一連の結果を対象としたものと，購買意思決定に至るまでの選択集合の形成プロセスを対象としたものが考えられてきた。そして，それら消費者選択行動が引き起こす「競争」を理解するための競争市場構造分析については，それぞれ行動データと判断データに基づくモデルが考えられてきた[2]。本章では，包括的な先行研究レビューによって，消費者選択行動と競争市場構造分析との関連について検討し，本書で注目していくべき消費者選択行動を示していく[3]。

　消費者選択行動に関する研究を考察していくにあたり，まずは先行研究によって提示された競争市場構造分析の類型化[4]を再検討し，消費者が直面する2つの選択機会に注目していく。

　1つは，**一時点の選択機会を焦点とする消費者選択行動**である。この観点においては，段階的な消費者の情報処理における選択集合の形成プロセスが主要な課題となる。実証分析においては，データセットとして判断データ[5]を用いたものが多い。ここでは，とく

に考慮集合の議論を中心とした消費者選択行動について整理していく。

もう1つは，**複数時点の選択機会を焦点とする消費者選択行動**である。この観点においては，反復購買やブランド・スウィッチングが主要な課題となる。実証分析においては，行動データ[6]を用いたものが多い。ここでは，とくに後述するブランド・ロイヤルティとバラエティ・シーキングという消費者選択行動について整理していく。

ただし，複数時点の選択機会における消費者選択行動について，判断データを用いた分析ができないというわけではない。また反対に，一時点の選択機会における消費者選択行動についても，行動データを用いた確率的選択モデルなども提案されており，行動データから一時点の選択機会における消費者選択行動が分析できないというわけではない[7]。本書では，消費者調査によって収集した判断データを分析に用いていくが，次に述べる考慮集合だけでなく，複数時点の選択機会を焦点とする消費者選択行動であるブランド・ロイヤルティとバラエティ・シーキングについても考察していく。

2 一時点の選択機会における消費者選択行動と競争市場構造分析

本節では，一時点の選択機会における消費者選択行動と競争市場構造分析の関連性について検討していきたい。一時点の選択機会における消費者行動をとらえる代表的概念には，考慮集合がある[8]。「考慮集合（consideration set）」とは，消費者が購買意思決定に至るまでに考慮されたブランドの集合のことである。言い換えれば，購買するブランドを選択することに先立って，消費者が構成する選択代替案の集合をいう[9]。

考慮集合に関する先行研究は多岐にわたるが，考慮集合のサイズと形成メカニズムに注目したものが多い。考慮集合のサイズに関す

る研究としては,考慮集合を形成するブランド数とその規定要因に注目したものが中心となる。とくに考慮集合の初期の先行研究では,多様な製品カテゴリーにおける考慮集合のサイズがパネル・データを用いて分析され,平均的な考慮集合のサイズは2〜5ブランド程度であることが明らかにされている[10]。その後も多数の研究が積み重ねられ,考慮集合のサイズは,消費者の当該製品カテゴリーに対する知識や関与水準によって異なることが指摘されている[11]。

このように,考慮集合のサイズに注目した研究が積み重ねられていく中で,次第に考慮集合を形成する要因が検討されていくようになる。その中でも注目される研究成果が,消費者の目的が考慮集合の形成に影響を及ぼすことを明らかにしたものである[12]。これら先行研究では,考慮集合が特定の製品カテゴリー内のブランドだけで形成されないことに注目し,当該製品カテゴリー内で消費者の目的を満足させる代替案の集合を構成することができなければ,複数の製品カテゴリーから横断的に代替案が選定され,考慮集合が形成されることを明らかにしている。たとえば,「リフレッシュしたい」という消費者の目的が設定されれば,ガムやチョコレート,炭酸飲料やビールなどの製品カテゴリーから横断的に代替案が選定される可能性があるということである。このように,消費者の目的が考慮集合を形成する大きな要因となることが指摘され,以降さまざまな消費者の目的と考慮集合の関連性が明らかにされている[13]。

考慮集合の構成と形成メカニズムとしては,その段階的なプロセスを検討する研究が盛んに行われている。その代表的な研究成果が,ブランド・カテゴライゼーションという概念モデルである（図1.1）[14]。「ブランド・カテゴライゼーション（brand categorization）」では,当該ブランドが考慮集合を構成する代替案となるためには,「知名ブランド」であり,「処理ブランド」であり,かつ「想起ブランド」でなければならないことを指摘している。つまり,考慮段階におけるブランドの集合（考慮集合）のサイズに注目が集まっていた当時,この研究では,考慮集合を構成する代替案となるために,

図 1.1　ブランド・カテゴライゼーション

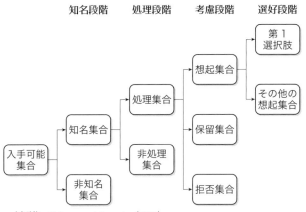

（出所）　Brisoux and Laroche (1980).

図 1.2　消費者個人の選択モデル

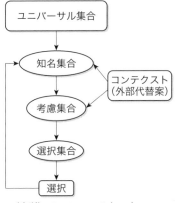

（出所）　Shocker *et al.* (1991).

ブランドに対する段階的な消費者の情報処理（選択）があることを示したのである。

　図 1.1 に対して，より厳密に考慮集合の形成メカニズムについて検討したものが，図 1.2 の概念モデルである[15]。図 1.1 では，ブランド・カテゴライゼーションの考慮段階におけるブランドの集合について，「想起集合」[16]を考慮集合として解釈している。つまり，

消費者の「目的志向的な記憶に基づく考慮段階の代替案の集合」を考慮集合として解釈しているのである。想起集合と考慮集合は，確かにすべての代替案の部分集合であるが，その定義は厳密には異なる。しかしながら，この研究によって，想起集合と考慮集合を同義に解釈する契機となってしまい，選択機会に直面した消費者が形成する選択集合は，想起集合として解釈されてしまうようになってしまったという側面もある。

一方，図1.2では，選択集合と考慮集合を区別している。加えて，考慮集合は消費者の目的志向的な記憶のみに依拠したブランドの集合ではなく，消費者が選択機会に直面したことで再認されるブランドや新規に考慮されるブランドも考慮集合を形成する代替案になりうる可能性を指摘している。このように，考慮集合としての最終的な選択集合は，消費者の目的志向的な記憶に基づく想起集合と，直面した選択機会における消費者の目的と合致した刺激に基づく対面集合が統合されたものとして解釈するほうがより現実的であろう[17]。本書でも，考慮集合を，この想起集合と対面集合が統合されたものであるという観点を支持している。

このような考慮集合の形成プロセスについては，判断データを用いた先行研究が多く存在するが，行動データを用いて確率的に考慮集合を推定するものもある[18]。

そして，考慮集合と関連が深い競争市場構造分析には，競争空間に基づく競争市場構造分析モデルがある。競争空間に基づく競争市場構造分析モデルは，ユークリッド空間的なものと非ユークリッド空間（超空間）的なものに大別される[19]。前者には，主成分分析や因子分析，判別分析といった属性アプローチと，多次元尺度構成法といった類似度アプローチによるプロダクト・マップがある。後者には，クラスター分析に基づく階層的クラスタリングがある。これらの競争市場構造分析モデルでは，確率的に代替案が考慮集合を形成することを明らかにするだけでなく，それらを視覚的に把握することができる[20]。こうした手法による分析事例については，次章

で改めて取り上げる。

3 複数時点の選択機会における消費者選択行動と競争市場構造分析

続いて，複数時点の選択機会における消費者選択行動と競争市場構造分析の関連性について検討していきたい。複数時点の選択機会における消費者選択行動をとらえる代表的概念には，ブランド・ロイヤルティとバラエティ・シーキングがある。この2つは相互に関連する概念である。

「ブランド・ロイヤルティ (brand loyalty)」とは，当該製品カテゴリーにおける特定ブランドの購買回数の程度のことである[21]。つまり，特定ブランドに対する消費者の反復購買に注目した概念である。そして，ブランド・ロイヤルティには，以下3つの測定指標がある。

第1の測定指標は，購買比率 (proportion of purchase) である[22]。購買比率とは，当該製品カテゴリーにおける消費者が経験する複数時点の選択機会において，最も反復購買されたブランドが全体の選択機会に占める割合のことである。

第2の測定指標は，購買継起 (sequence of purchase) である[23]。購買継起とは，当該製品カテゴリーにおける消費者が経験する複数時点の選択機会において，特定ブランドに対する安定的な反復購買パターンのことである。つまり，当該製品カテゴリーにおける全体の選択機会において，特定ブランドが安定的な反復購買パターンで選択されているのかということである。

第3の測定指標は，購買確率 (probability of purchase) である[24]。購買確率は，次点の選択機会における特定ブランドの反復購買確率を予測するための測定指標であり，購買比率と購買継起を統合したブランド・ロイヤルティの測定指標である。

このようにブランド・ロイヤルティとは，単なる特定ブランドの

図 1.3 ブランド・ロイヤルティ：相対的な態度－行動の関係性

	反復購買	
相対的態度	高	低
高	真の ロイヤルティ	潜在的 ロイヤルティ
低	見せかけの ロイヤルティ	ロイヤルティ なし

（出所）　Dick and Basu（1994）．

反復購買ではなく，購買比率，購買継起，購買確率といった多面的な解釈を必要とする消費者選択行動なのである。ここで，ブランド・ロイヤルティのような消費者選択行動を明らかにするためには，行動データが用いられることが多いことは先述したが，本書では消費者調査による判断データを用いて複数時点の選択機会における消費者選択行動を明らかにしていくことにご留意いただきたい。以下では，複数時点の選択機会における消費者選択行動を明らかにするにあたって，判断データを用いることによる利点について補足する。

ブランド・ロイヤルティによる消費者選択行動を明らかにするにあたって，判断データも用いることのメリットを指摘したのは，ディックとバス[25]である。彼らは，より精緻にブランド・ロイヤルティを明らかにするためには，「ブランド・コミットメント（brand commitment）」[26]を測定する必要性を指摘している（図 1.3）。たとえ，行動データによってブランド・ロイヤルティが明らかになったとしても，それは「他に入手可能なブランドがないから」「他のブランドよりも低価格であるから」，そして「複雑な意思決定をすることが面倒くさいから」などの惰性的な消費者心理状態から，単に反復購買されているだけかもしれない「見せかけのロイヤルティ（spurious loyalty）」の可能性も十分にあるということを指摘しているのである。反対に，反復購買がされていないブランドであっても，

図1.4 バラエティ・シーキング:多様な行動の類型

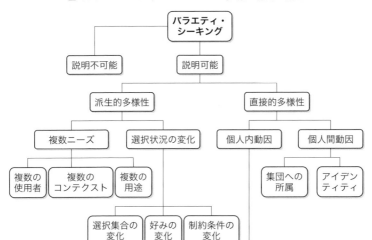

(出所) McAlister and Pessemier (1982).

当該ブランドが「どこの店舗でも置いているわけではないから」など,市場環境が原因で反復購買がなされなくても,消費者に「潜在的ロイヤルティ (latent loyalty)」がある状況も考えられるため,行動データのみからブランド・ロイヤルティをとらえることには注意が必要であることを指摘しているのである。

一方で,「バラエティ・シーキング (variety seeking)」とは,当該製品カテゴリーにおける特定ブランドから他ブランドへのブランド・スウィッチングによる購買回数のことである(図1.4)[27]。つまり,行動データに基づく消費者選択行動を考えれば,ブランド・ロイヤルティとは正反対の概念としてとらえることができる[28]。バラエティ・シーキングの測定指標は,あくまでも特定ブランドから他ブランドへのブランド・スウィッチングという解釈でしかない

が，バラエティ・シーキングという消費者選択行動が起こる消費者の心理状態を考慮すれば，判断データを用いることで，より正確な理解が得られることを，以下2つの理由から示すことができる[29]。

第1の理由は，「派生的多様性（derived variation）」である。派生的多様性には，「複数ニーズ」が想定される場合と「選択状況の変化」が想定される場合がある。複数ニーズが想定される場合は，「複数の使用者」，「複数のコンテクスト」，そして「複数の用途」が，バラエティ・シーキングによる選択行動が起こる消費者の心理状態として考えられる[30]。選択状況の変化が想定される場合は，「選択集合の変化」，「好みの変化」，そして「制約条件の変化」が，同様に消費者の心理状態として想定されている。

第2の理由は，「直接的多様性（direct variation）」である。直接的多様性には「個人間動因」と「個人内動因」が想定されている。個人間動因としては，「集団への所属」と「個人としてのアイデンティティ」が，バラエティ・シーキングによる選択行動が起こる消費者の心理状態に対する外的要因として考えられている。つまり，個人間動因とは，消費者個人の他者的な動機によるものである。個人内動因としては，「未知のものへの欲求」「既知のものへの変更」「情報の獲得」が，同様に消費者の心理状態に対する内的要因として考えている。つまり，個人内動因とは，消費者個人の純粋な内発的動機によるものである。このようにバラエティ・シーキングとは，単なる特定ブランドから他ブランドへのブランド・スウィッチングではなく，消費者個人を取り巻く内部要因と外部要因から多面的な解釈を必要とする消費者選択行動であることが理解できる。

ここまで，複数時点の選択機会における消費者選択行動をとらえる代表的概念としてブランド・ロイヤルティとバラエティ・シーキングについて詳述してきたが，これら選択行動を明らかにするためには，先述のように当該製品カテゴリーにおける消費者個人の複数時点における経時的な購買履歴が必要となってくる。そのため，パ

ネル・データやそれらを集計したブランド・スウィッチング行列を用いた競争市場構造分析モデルが発展してきた。しかし，ここで注意しておきたいことは，競争市場構造分析モデルは，あくまでも競争市場構造の把握が主目的であるため，ブランド・ロイヤルティやバラエティ・シーキングを明らかにすることは二次的な副産物であり，競争市場構造を構成する消費者セグメントとして，消費者選択行動が考察の一対象となることがほとんどである。そんなブランド・ロイヤルティやバラエティ・シーキングに関連する消費者セグメントが把握される競争市場構造分析は2つある。1つは，代替性に基づく交差弾力性[31]に注目した競争市場構造分析モデルである[32]。もう1つは，ブランド・スウィッチングに基づく競争市場構造分析モデルである[33]。

　本節では，複数時点の選択機会における消費者選択行動に注目したブランド・ロイヤルティとバラエティ・シーキング，そして，競争市場構造分析におけるこれら消費者選択行動への位置づけについて検討してきた。しかし，これら競争市場構造分析は，あくまでも当該ブランドが選択されたか否かという行動データに基づいたものであり，競争市場構造を構成する消費者セグメントや，連続的な消費者個人の選択行動を把握するという優れた側面がある一方で，当該ブランドに対する選択行動に対して，十分な考察を加えることには限界もある。そのため，前節で挙げた競争市場構造分析に関する判断データに基づいた手法があわせて用いられることもある。本章で取り上げた2つの分析視点は相互補完的であり，目的に応じて使い分けていくことが重要である。

4　選択機会とマーケティング競争

　以上2つの観点をふまえて，ここからは，本書が消費者の選択機会に対して異なった2つの視座を設ける理由を，序章で注目したマーケティング競争と関連させながら検討していきたい。

一時点の選択機会に注目するということは，考慮集合の形成プロセスからマーケティング競争を明らかにするということである。つまり，一時点の選択機会から同時決定的な消費者選択行動を考慮してマーケティング競争を検討していくということである。一方で，複数時点の選択機会に注目するということは，ブランド・ロイヤルティやバラエティ・シーキングといった消費者選択行動からマーケティング競争を明らかにするということである。つまり，複数時点の選択機会から逐次決定的な消費者選択行動を考慮してマーケティング競争を検討していくということである。本書では，こうした選択機会の異質性に注目していく。たとえば，序章で紹介した狂騒的マーケティング競争において，どちらの消費者選択行動を考慮してマーケティング競争を検討していくべきだろうか。おそらく選択機会が比較的多いコンビニ・コーヒーのマーケティング競争には，一時点の選択機会における消費者選択行動よりも，複数時点における逐次決定的な消費者選択行動に注目すべきなのではないだろうか。反対に，選択機会が比較的少ない，スマートフォンのマーケティング競争には，複数時点における消費者選択行動よりも，一時点における同時決定的な消費者選択行動に注目すべきなのではないだろうか。

　図1.5は，同時決定的または逐次決定的な消費者選択行動の対応関係を示したものである。同時決定的な消費者選択行動に注目するのであれば，時間的前後関係に依拠しないマーケティング競争を検討すべきことがわかるであろう。一方，逐次決定的な消費者選択行動に注目するのであれば，時間的前後関係を考慮したマーケティング競争を検討すべきこともわかるであろう。

　しかし，図1.5が示すように，同時決定的な消費者選択行動と逐次決定的な消費者選択行動は，排他的なものではなく，相互に関連していることにも留意すべきである。つまり，マーケティング競争には，2つの選択機会における消費者選択行動があることに留意し，マーケティング戦略の目的に従って，どのように競争に配慮してい

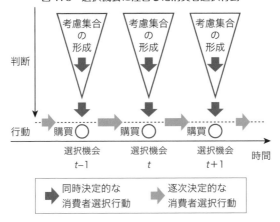

図1.5 選択機会に注目した消費者選択行動

くべきかが重要ではないだろうか。そこで，本書においても，この2つの選択機会における消費者選択行動に注目し，それぞれのマーケティング競争が規定する競争市場構造分析を試みていきたい。

5 まとめ——消費者選択行動と競争市場構造分析

本章では，消費者が直面する選択機会に注目して，どのようにマーケティング競争をとらえるべきであるのかについて検討してきた。とくに，選択機会に対する視座の違いを考慮したマーケティング競争への配慮が，戦略を策定するうえで，企業にとって重要な留意事項となることを示してきた。そして，それらと関連する競争市場構造分析についても先行研究をレビューし，競争市場構造を規定するマーケティング競争としての消費者選択行動を詳細に検討してきた。

このように，本章では，消費者選択行動と競争市場構造分析の関連性に注目しながら，それら先行研究をもとに，マーケティング競争の姿を明らかにするための理論的な背景を整理してきた。では，競争市場構造分析は，具体的にどのようにマーケティング競争を明らかにしてくれるのであろうか。次章では，本書の第Ⅱ部で用いる

消費者調査によって収集した判断データを使って，競争市場構造分析の一例を示し，どのようにマーケティング競争を理解するのか，その有効性と改善点について検討していきたい。

第2章

どのように競争を理解するのか？
競争市場構造分析とポジショニング戦略

▶ はじめに

　序章でも述べたように，戦略を策定するうえで，マーケティング競争に配慮することは，企業にとって重要な留意事項である。そして，前章では，そのために必要なマーケティング競争をとらえる観点（消費者が直面する2つの選択機会）と，それらに関連する競争市場構造分析の手法を整理してきた。

　本章では，その競争市場構造分析を用いた一例を示し，その有効性と改善点を検討していきたい。すなわち，どのような競争市場構造分析の手法でマーケティング競争を理解することができ，どのような示唆を得ることができるのか，ビール系飲料とチョコレート菓子の市場を分析対象として，その有効性を確認する。また同時に，これまでの競争市場構造分析の限界についても考察し，その改善点を明らかにし，本書で注目していきたい新たな視点を示すことが本章の主眼である。なお，本章で扱うデータについては第4章で詳細を説明しているので，測定項目や基本的な集計等については，第4章を参照されたい。

1　分析事例の視座

　本章では，3つの分析事例を通して，競争市場構造分析の有効性と改善点を検討していく[1]。

　分析事例1では，当該ブランドをどの程度好むかという「ブランド選好（brand preference）」に関する判断データを用いて，2つの基本的な競争市場構造分析に関する一例を示す。1つは，因子分析によるプロダクト・マップの描画である。プロダクト・マップは，消費者が似ていると知覚しているブランド間は，競争圧力が高いという仮定のもと，空間（2次元あるいは多次元）上に布置されたブランドの相対的なポジショニングを理解するために用いられる。もう1つは，プロダクト・マップと同様の目的で，空間上の相対的なブランド・ポジショニングを理解するための競争市場構造分析の手法と

して，階層的クラスタリングによるクラスター・デンドログラム（樹形図）の描画である。

分析事例2は，分析事例1で用いたブランド選好度に加えて，選択機会における「ブランド考慮率（consideration rate）」に関する判断データも用いて，分析事例1に新たな視点を加えたマーケティング競争の理解を試みる。前章の冒頭でも述べたように，ブランドにとって選択（購買）されることが，まさに「競争」の決着を意味するところであるが，選択（購買）されるには，その前に考慮集合を構成する選択代替案になる必要がある。つまり，最終的に選択（購買）が期待されるブランドは，考慮集合を構成する選択代替案の中で最も選好の高いブランドであることが期待される。分析事例2では，考慮集合という視点からマーケティング競争の理解を試みていく。

そして，**分析事例3**では，分析事例2で用いたブランド考慮率に関する判断データに加えて，2つの「消費者選択行動性向（propensity of consumer choice behavior）」に関する判断データを用いて，考慮集合を構成する選択代替案に至るまでの消費者選択行動に注目して，マーケティング競争の理解を試みる。前章でも詳述したように，最終的に当該ブランドが選択（購買）されたからといって，そのブランドがどのような消費者選択行動を背景として，考慮集合を構成する選択代替案となったのか，そして選択（購買）されたのかを理解しなければ，本質的なマーケティング競争を把握することはできない。分析事例3では，消費者選択行動性向という視点からマーケティング競争の理解を試みていく。

2 ［分析事例1］
ブランド選好度を用いた競争市場構造分析

本節では，分析対象となるビール系飲料とチョコレート菓子の市場について，消費者調査（詳細は第4章を参照のこと）によって収集

された判断データ（ブランド選好度）を用いて，2つの基本的な競争市場構造分析の一例を紹介する。1つは，因子分析によるプロダクト・マップである。もう1つは，階層的クラスタリングによるクラスター・デンドログラムの描画である。

分析対象となるビール系飲料とチョコレート菓子の調査対象ブランドは，「マーケティング情報パック（Mpac）[2）]」にあるコンビニエンス・ストアでの販売実績を参照しながら，各調査の開始時点で販売金額が上位にリストアップされているブランドを選択している。各ブランドについて，どの程度そのブランドを購買してみたいかを7段階（非常に買ってみたい～全く買ってみたくない）のリッカート尺度で測定している。

▶ **ブランド選好度：ビール系飲料市場**

図2.1は，各ブランドの選好度に基づいて，因子分析によって2次元の空間上に21ブランドが布置されたプロダクト・マップである。因子分析による競争市場構造の理解には，まず縦軸と横軸によって規定される競争空間の解釈が必要となる。図2.1の横軸（因子1）を見てみると，左側に酒税法上の「ビール」のブランドが多く布置されており，右側には「発泡酒・新ジャンル」のブランドが多く布置されている。ここから，因子1によって規定される競争空間の次元は，ビール系飲料の酒類による競争軸であると考えられる。次に，縦軸（因子2）を見ると，下側には低カロリーを訴求したブランドが多く布置されていることがわかる。上側には低カロリーを訴求したブランドがないことから，因子2によって規定される競争空間の次元は，カロリー訴求の程度による競争軸であると考えられる。また，全体的な競争市場構造の特徴として，「ビール」製品には低カロリーを訴求したブランドはないため，左上から右下の対角線上に多くのブランドが布置されていることがわかる。

図2.1から，マーケターは2つのブランド・ポジショニング戦略を検討することができる。1つは，**競合ブランドへの同質化戦略**で

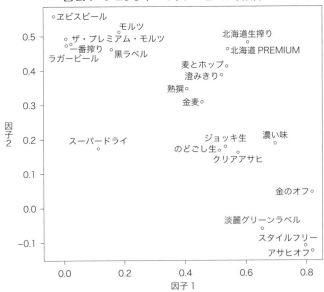

図2.1 プロダクト・マップ：ビール系飲料

ある。たとえば，図2.1中央付近にある「熟撰」は，当時アサヒビールがコンビニエンス・ストア市場に投入していたプレミアムビールであり，こだわりの素材を丁寧に仕込み長期熟成させた高品質の生ビールであることを訴求したブランドである。しかしながら，「ヱビスビール」や「ザ・プレミアム・モルツ」といったプレミアムビールのブランドが布置されている位置からは乖離しており，むしろ新ジャンルである「金麦」や「澄みきり」と近接している（競争圧力が高い）ことがわかる。このことから，少なくとも「熟撰」がプレミアムビールとして知覚されるためにも，「ヱビスビール」や「ザ・プレミアム・モルツ」といったブランドとともに選好されるマーケティング戦略を構築する必要があることが示唆として得られる。

もう1つのポジショニング戦略は，**競合ブランドに対する差別化戦略**である。図2.1では，左上から右下にかけてそれらのブランドが布置されているが，それらのブランドとはやや乖離した左下に

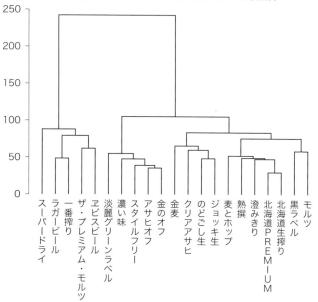

図2.2 クラスター・デンドログラム：ビール系飲料

「スーパードライ」だけが布置されており，他のブランドとは差別化された選好が形成されていることがわかる。このようなポジショニングは，消費者にとって好ましいブランド選好を形成できている場合が多く，高い収益を獲得できているブランドであることが多い。図2.1の競争空間に従えば，酒類としては「ビール」でありながら，「低カロリー」を訴求することができる商品を投入することが示唆として得られる。

　図2.2は，階層的クラスタリングによって空間上に21ブランドが布置されたデンドログラムである。図2.1で描画したプロダクト・マップで用いたブランド選好度と同じ判断データを用いている。ただし，プロダクト・マップとは異なり，「酒類」と「カロリー訴求」によって規定される競争空間ではなく，ブランド選好の類似度によって競争状態がクラスタリングされているのである。プロダクト・マップ（図2.1）と比較することで理解できるが，プロダク

ト・マップ上で近接して布置されるブランドは，デンドログラム（図2.2）においても同じクラスターに布置される傾向にある。

　図2.2から，マーケターはプロダクト・マップ（図2.1）から得られる示唆とは異なったブランド・ポジショニング戦略を検討することができる。たとえば，デンドログラムの左側のクラスターには，多くのビール製品が布置されていることがわかる。しかしながら，ビール製品である「黒ラベル」と「モルツ」は，プロダクト・マップ上では「一番搾り」や「ラガービール」，「ヱビスビール」や「ザ・プレミアム・モルツ」といったブランドに近接して布置されているが，デンドログラム（図2.2）ではこれらブランドからは乖離した右端のクラスターに布置されている。ただし，「黒ラベル」と「モルツ」は，「麦とホップ」「澄みきり」「北海道PREMIUM」「北海道生搾り」といった発泡酒・新ジャンルのブランドと同一のクラスターにも布置されている。このことから，ブランド選好の類似性という観点から，直接的な競合となる同じ酒類のブランドとは差別化されたクラスターに布置されながらも，より低価格帯の酒類のブランドと同質的なクラスターに布置されていることが好ましいかどうかを，マーケターは判断しなければならないであろう。

▶ **ブランド選好度：チョコレート菓子市場**

　次に，チョコレート菓子の競争市場構造を検討していく。図2.3は，ビール系飲料と同様の手続きによって2次元の空間上にチョコレート菓子21ブランドが布置されたプロダクト・マップである。ただし，チョコレート菓子においては，競争空間の次元を規定する3つの因子が抽出された。図2.3の(1)は，因子1（横軸）と因子2（縦軸）で規定した競争空間であり，図2.3の(2)は，因子1（横軸）と因子3（縦軸）で規定した競争空間である。図2.3の(3)は，因子2（横軸）と因子3（縦軸）で規定した競争空間となっている。この3つのプロダクト・マップから競争空間の解釈を試みていく。

　まず，図2.3の(1)と(2)の横軸を見てみると，左側にはチョコレー

図2.3 プロダクト・マップ：チョコレート菓子

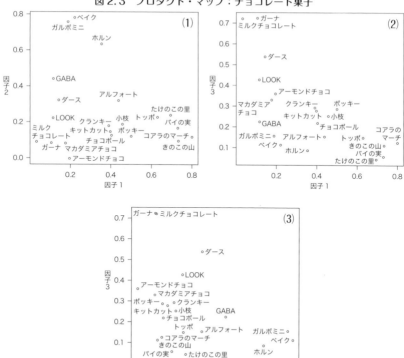

ト生地を全重量の60%以上使用している「チョコレート」のブランドが多く，右側にはクッキー生地など他の食材も組み合わせた，チョコレート生地が全重量の60%未満となっている「チョコレート菓子」のブランドが多く布置されている。ここから，因子1によって規定される競争空間の次元は，チョコレート菓子の「加工レベル」による競争軸であると考えられる。

次に，図2.3(1)の縦軸，もしくは(3)の横軸を見てみると，上側（もしくは右側）には，「ベイク」や「ガルボミニ」など，従来のチョコレート菓子とは異なる食感を訴求したブランドが布置されている。一方で，下側（もしくは左側）には，加工レベルにかかわらず，

定番ブランドが多く布置されている。したがって，因子2によって規定される競争空間の次元は，チョコレート菓子の「新食感」による競争軸であると考えられる。

　そして，図2.3(2)と(3)の縦軸を見てみると，上側には「ミルクチョコレート」と「ガーナ」が他のブランドとは乖離して布置されており，続いて「ダース」と「LOOK」が布置されている。これらブランドは，いずれもチョコレート生地のみを使用したものであり，先述の2ブランドは，いわゆる板チョコレートであり，後述の2ブランドについても板チョコレートを分割して一口サイズであることを訴求してきたブランドである。一方，下側には，「たけのこの里」や「パイの実」など，すべて一口サイズで楽しむことができるチョコレート菓子が布置されている。ここから，因子3によって規定される競争空間の次元は，チョコレート菓子の「加工サイズ」による競争軸であると考えられる。図2.3からマーケターが検討することができるポジショニング戦略は，先述のビール系飲料市場の場合と同様である。

　図2.4も，ビール系飲料と同様の手続きによって，空間上にチョコレート菓子21ブランドが布置されたクラスター・デンドログラムである。こちらについても，先ほどのプロダクト・マップ（図2.3）から得られる示唆とは異なったポジショニング戦略を検討することができる。たとえば，最下層でクラスターを形成している「アーモンドチョコ」と「マカダミアチョコ」は同じ明治が製造・販売しているブランドであり，同様に「たけのこの里」と「きのこの山」も明治から，「トッポ」「パイの実」「コアラのマーチ」はロッテが製造・販売しているブランドであることがわかる。同じクラスターに布置されているブランドは競争圧力が高いことが仮定されるため，マーケターは，双方のブランドが共食い（カニバリゼーション）を起こしている可能性を考えなければならない。ただし，ブランド選好度の類似性という観点から階層クラスタリングを行っているため，むしろ双方のブランドがポジティブに相互作用を引き起こ

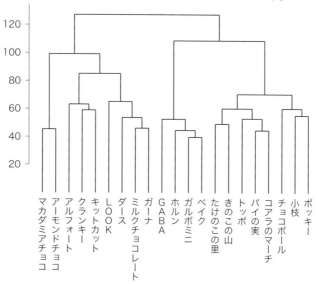

図2.4 クラスター・デンドログラム:チョコレート菓子

している可能性も考えられるため,双方のブランド間の関係性を注意深く判断する必要がある。

分析事例1では,因子分析と階層クラスタリングによる基本的な競争市場構造分析の一例を紹介してきた。この2つの手法による分析結果からも理解できるように,同じ判断データを用いた分析であっても,競争市場構造分析は異なった示唆をマーケターに与えてくれることがわかる。逆を言えば,1つのデータからでも多様な分析結果を抽出することができるがゆえに,どのようにマーケターが競争を理解するのかが重要となってくる。

そこで,次節では,ブランド選好度に関する判断データに加えて,マーケティング競争を理解する新たな視点として,ブランド考慮率に関する判断データも用いた競争市場構造分析の一例を紹介していく。

3 [分析事例2]
ブランド考慮率を用いた競争市場構造分析

　本節では，分析対象となるビール系飲料とチョコレート菓子の市場について，消費者調査によって収集された2つの判断データ（ブランド考慮率と選好度）を用いた競争市場構造分析の一例を紹介する。本節で新たに用いるブランド考慮率は，各ブランドについて，それぞれ当該ブランドの購買を検討するか否かを2値（購買を検討する＝1，検討しない＝0）で測定した判断データである。ここでは，分析事例1で検討した競争市場構造分析に，考慮集合というマーケティング競争の視点を加えることで，新たなマーケティング競争の理解を試みていく。

▶ ブランド考慮率

　まずは，考慮集合を構成する選択代替案となる割合である「考慮率」をブランドごとに計算する。当該ブランドの考慮率は，そのブランドの購買を検討すると答えた回答者の人数を，調査標本数で除したものである。図2.5は，ビール系飲料およびチョコレート菓子において，考慮率が高かったブランドを降順に並べたものである。ビール系飲料では「スーパードライ」が最も高く（58.1％），チョコレート菓子では「キットカット」が最も高い（68.9％）。つまり，両ブランドとも，半数以上の回答者が，考慮集合を構成する選択代替案としている。ビール系飲料では，酒税法上の「ビール」ブランドが高い割合で考慮集合に含まれていることがわかる。一方で，「発泡酒」や「新ジャンル」のブランドは考慮率が低く，最も考慮率が低いブランドでは，1割程度の回答者しか考慮集合を構成する選択代替案としていない。チョコレート菓子では，ビール系飲料のブランドと比較して，全体的に考慮率が高くなっている。先述したように，「キットカット」の考慮率は7割に迫り，また，最も考慮率が低いブランドであっても，2割弱の回答者が考慮集合を構成する選

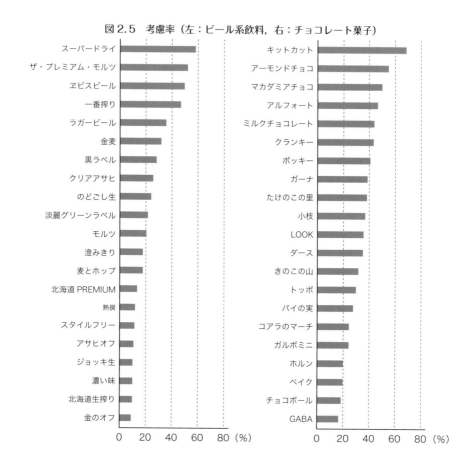

図2.5 考慮率（左：ビール系飲料，右：チョコレート菓子）

択代替案としている。

▶ ブランド考慮率と選好度：ビール系飲料市場

先述したように，考慮集合を構成する選択代替案になる可能性が高くなるほど，そのブランドが最終的に選択（購買）される可能性は高くなると考えられるが，考慮集合を構成する選択代替案となることに加えて，選択代替案となった他の競合ブランドよりも選好されなければ，最終的には選択（購買）されないであろう。本節では，当該ブランドが考慮集合を構成する選択代替案となっている割合

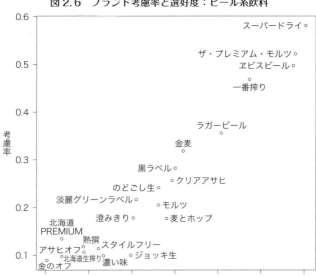

図2.6　ブランド考慮率と選好度：ビール系飲料

（ブランド考慮率）と，そのブランドが考慮集合を構成する選択代替案になったときのブランド選好度をそれぞれ計算し，これら2つの競争軸から競争空間を検討してみる。

　まず，ビール系飲料市場について得られた結果が図2.6である。図2.6においては，右上にあるブランドほど考慮率も高く，考慮集合を構成する選択代替案となったときのブランド選好度も高い。反対に，左下にあるブランドほど，考慮率も低くかつ選択代替案となったときの選好度も低い。つまり，ビール系飲料市場においては，「スーパードライ」が最も競争優位をもつブランドであることがわかる。「スーパードライ」のブランド考慮率は6割に迫っており，ビール系飲料の選択機会において，消費者の半数以上は「スーパードライ」を購買するかどうかを考慮しているということである。さらに，「スーパードライ」が考慮集合を構成する選択代替案となった場合に注目しても，そのブランド選好度も最も高いため，最終的

第2章　どのように競争を理解するのか？　49

に選択(購買)される可能性が高い。反対に,先述のように最も考慮率が低いブランドは1割程度であり,たとえ考慮集合を構成する選択代替案になったとしても,そのブランド選好度は低く,最終的に選択(購買)される可能性は低い。ビール系飲料の全体的な傾向として,酒税法上の「ビール」に分類されるブランドは,最終的に選択(購買)される傾向が高いことがわかる。

▶ ブランド考慮率と選好度:チョコレート菓子市場

次に,チョコレート菓子について得られた結果が図2.7である。ビール系飲料と同様に,図2.7においても,右上に布置されているブランドが最も競争優位をもつブランドであると言える。ただし,ビール系飲料とは異なり,考慮率が最も高いブランドが最も高い選好度を形成しているわけではないところに注目していただきたい。最も考慮率の高いブランドは「キットカット」であり,7割に迫るブランド考慮率を獲得している。しかしながら,考慮集合を構成する選択代替案となったときに最も高いブランド選好度を形成しているのは「たけのこの里」であり,「アーモンドチョコ」がそれに次ぐという結果となっている。「アーモンドチョコ」は,ブランド考慮率についても「キットカット」に次いでおり,ブランド考慮率と選好度の双方において総合的に競争優位をもっていると言える。最もブランド考慮率の高い「キットカット」が考慮集合を構成する選択代替案となった場合のブランド選好度は,21ブランド中5位であり,相対的には決して競争優位をもっているわけではなく,ビール系飲料における「スーパードライ」のようなブランドではないことがわかる。最も高いブランド選好度を形成している「たけのこの里」は,相対的なブランド考慮率は中程度であり,考慮集合を構成する選択代替案となることが多いわけではない。つまり,「たけのこの里」が考慮集合を構成する選択代替案となっている消費者にとっては,最終的に選択(購買)されるブランドになる可能性が高いということがわかる。

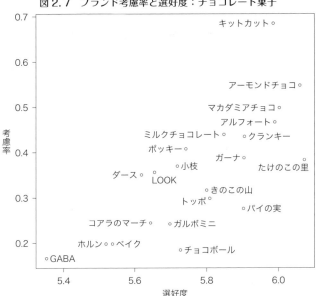

図 2.7　ブランド考慮率と選好度：チョコレート菓子

　分析事例 2 では，分析事例 1 で用いたブランド選好度に加えて，ブランド考慮率という判断データを用いた競争市場構造分析の一例を紹介してきた。とくに，チョコレート菓子の分析結果からも理解できるように，考慮率が高いブランドだからといって，考慮集合を構成する選択代替案となった場合に，最もブランド選好度が高いというわけでは必ずしもないことがわかった。つまり，考慮集合を構成する選択代替案となるための競争と，最終的に選択（購買）されるための競争は，異なったマーケティング競争として理解しなければならないということである。

　そこで，次節では，より本質的なマーケティング競争への理解を試みるために，ブランド考慮率に関する判断データに加えて，2 つの消費者選択行動性向に関する判断データを用いた競争市場構造分析の一例を紹介していく。

4 ［分析事例3］
消費者選択行動性向を用いた競争市場構造分析

　本節では，分析対象となるビール系飲料とチョコレート菓子の市場について，消費者調査によって収集された2つの判断データ（消費者選択行動性向とブランド考慮率）を用いた競争市場構造分析の一例を紹介する。本節で新たに用いる消費者選択行動性向は2つある。1つはブランド・ロイヤルティ性向であり，同じブランドを買ってしまうことが多いかどうかを7段階のリッカート尺度で測定したものである。もう1つは，バラエティ・シーキング性向であり，新製品や買ったことのないブランドをみつけると買ってしまうことが多いかどうかを7段階リッカート尺度で測定したものである。

▶ **消費者選択行動性向とブランド考慮率：ビール系飲料市場**

　分析事例2では，ブランドごとに計算した考慮率を用いたが，ここでは，当該ブランドの購買を検討すると答えた回答者の人数を調査標本数で除したりはせず，当該ブランドの購買を検討するかどうかを，消費者選択行動性向の判断データを用いる際のスクリーニング条件としている。つまり，当該ブランドの購買を検討するとした回答者についての消費者選択行動性向に関する判断データのみを用いている。**分析事例3**では，そのように絞り込んだ判断データをブランドごとに平均化し，横軸にブランド・ロイヤルティ性向，縦軸にバラエティ・シーキング性向の値をとった2次元の競争空間を検討してみる。

　図2.8は，ビール系飲料に対するそれぞれの消費者選択行動性向の平均値を，それぞれブランドごとに布置したものである。図2.8の横軸を見てみると，右側に酒税法上の「ビール」のブランドが多く布置されており，左側には「発泡酒・新ジャンル」のブランドが多く布置されている。次に，縦軸を見ると，下側には「ビール」のブランドが多く，上側には「発泡酒・新ジャンル」のブランドが多

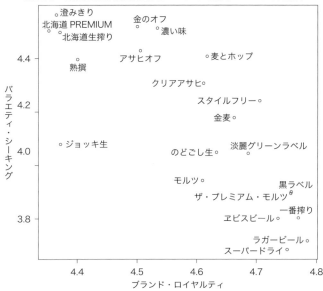

図2.8 消費者選択行動性向とブランド考慮率：ビール系飲料

く布置されていることがわかる。このことからもわかるように，酒税法上の「ビール」のブランドは，ブランド・ロイヤルティ性向が高く，バラエティ・シーキング性向が低いことから，ブランド指名買いをされていることがわかる。一方で，「発泡酒・新ジャンル」は，ビール系飲料市場の中でも市場が拡大傾向にあることから，各社が次々と新製品を発売することで，バラエティ・シーキング性向が高くなっているのではないかと考えられる。

▶ **消費者選択行動性向とブランド考慮率：チョコレート菓子市場**

図2.9は，チョコレート菓子に対する消費者選択行動性向の平均値を，それぞれブランドごとに布置したものである。図2.9の横軸目盛りを見てみると，非常に狭い値域に各ブランドが布置されていることがわかる。このことから，ビール系飲料のように，特定のブランドが指名買いされるような市場ではないことがわかる。ただし，縦軸を見てみると，「ホルン」「ベイク」「ガルボミニ」といった比

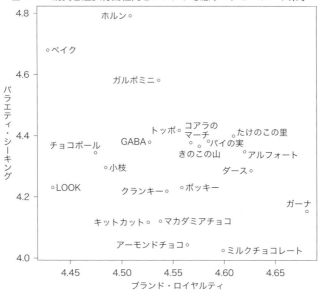

図2.9 消費者選択行動性向とブランド考慮率：チョコレート菓子

較的新しいブランドは，バラエティ・シーキングされる傾向が強く，定番ブランドほど，あまりバラエティ・シーキングされない傾向にあることがわかる。このことからもわかるように，チョコレート菓子は，ブランド・ロイヤルティを形成することも重要だが，それ以上に，いかにバラエティ・シーキングされないようなブランドになるかが，ブランドの定番化には重要であることがわかる。

分析事例3では，分析事例2で用いたブランド考慮率に関する判断データを，消費者選択行動性向に関する判断データを抽出する際のスクリーニング条件として用いて対象を絞り込むことで，考慮集合を構成する選択代替案に至るまでに，そのブランドがどのような消費者選択行動を背景として，考慮集合を構成する選択代替案となったのか，そして選択（購買）されたのかを示す競争市場構造分析の一例を紹介してきた。とくに，チョコレート菓子の分析結果からも理解できるように，ブランド・ロイヤルティ性向が高い（低い）

からといって，決してバラエティ・シーキング性向が低い（高い）というわけではないことがわかった。つまり，いくら分析事例2で考慮率が高いブランドだからといって，そのブランドが指名買いされている（ブランド・ロイヤルティ性向が高い）場合ばかりではなく，ブランド・スウィッチングの対象となることが多い（バラエティ・シーキング性向が高い）場合もあることを理解しなければならないということである。

5 まとめ——競争市場構造分析とポジショニング戦略

　ここまで，本章では，前章で述べた競争市場構造分析を用いた一例を紹介して，その有効性を検討してきた。3つの分析事例を通して，どのような競争市場構造分析の手法でマーケティング競争を理解することができ，どのような示唆を得ることができるのかについて，ビール系飲料とチョコレート菓子の市場を分析対象として示してきた。

　分析事例1では，因子分析と階層クラスタリングによる競争市場構造分析の一例によって，同じブランド選好度に関する判断データを用いた分析であっても，競争市場構造分析は異なった示唆をマーケターに与えてくれることを示した。つまり，1つの同じデータからでも，多様な分析結果を抽出することができるがゆえに，どのようにマーケティング競争を理解すべきかが，競争市場構造分析において重要となってくることが明らかになった。

　そこで，**分析事例2**では，マーケティング競争を理解するための新たな視点として，ブランド選好度に関する判断データに加えて，ブランド考慮率に関する判断データを用いて，考慮集合という視点から，マーケティング競争を理解することを試みた。その結果，ビール系飲料では期待された示唆を得ることができたが，チョコレート菓子では，考慮率が高いブランドだからといって，考慮集合を構成する選択代替案となった場合に，最もブランド選好度が高くなる

わけでは必ずしもないことが明らかになった。つまり，考慮集合を構成する選択代替案となるための競争と，最終的に選択（購買）されるための競争は異なるということである。

そして，**分析事例3**では，分析事例2で用いたブランド考慮率に関する判断データを，消費者選択行動性向に関する判断データを抽出する際のスクリーニング条件として用い，当該ブランドが考慮集合を構成する選択代替案に至るまでの消費者選択行動の背景を検討した。その結果，ビール系飲料では期待された示唆を得ることができたが，チョコレート菓子では，考慮集合を構成する選択代替案となるブランドについて，ブランド・ロイヤルティ性向が高い（低い）からといって，必ずしもバラエティ・シーキング性向が低い（高い）というわけではないことがわかった。つまり，考慮集合を構成する選択代替案となったからといって，常にそのブランドは指名買いされている（ブランド・ロイヤルティ性向が高い）とは限らないということである。

これら3つの分析事例からもわかるように，マーケティング競争に対して，さまざまな示唆を得ることができる競争市場構造分析だが，提供される示唆には幾分かの改善点も存在する。たとえば，**分析事例1**（ビール系飲料市場）で描画したプロダクト・マップから得られる示唆として，ブランド選好度が高い競合ブランドへの同質化というポジショニング戦略が考えられた。つまり，競合ブランドに近接するということは，ブランド間の競争圧力を高くしてしまうが，ブランド選好度が高い競合ブランドと同様に選好されることをめざしたポジショニング戦略である。しかし，厳密には，ブランド選好度が高い競合ブランドに同質化したからといって，高い収益が約束されるというわけではない。たとえば，ビール系飲料における「ザ・プレミアム・モルツ」と「一番搾り」「ラガービール」は，プロダクト・マップ上では近接して布置されているが，それぞれの市場シェアは大きく異なり，これらブランド選好度が高い競合ブラン

ド群と近接してポジショニングされた（同質化できた）からといって，ビール系飲料市場での高い収益を保証しているわけではない。また，競合ブランドが少ないプロダクト・マップ上の空白地帯にブランドをポジショニングさせる差別化戦略についても，その空白地帯（ビール系飲料では，酒類としては「ビール」でありながら，「低カロリー」を訴求することができる商品）を志向する消費者セグメントがどれくらい存在するのかは不明であり，十分な規模の市場が存在しないリスクもある。クラスター・デンドログラムから得られる示唆も同様であり，ブランド選好度の高い競合ブランドと同じクラスターに含まれているからといって，高い収益を保証しているものではない。

　また，**分析事例2**（チョコレート菓子市場）から得られる示唆として，考慮率が高いブランドだからといって，考慮集合を構成する選択代替案となった場合に，最もブランド選好度が高くなるというわけでは必ずしもないことが明らかになった。このことから，考慮集合を構成する選択代替案となるための競争と，最終的に選択（購買）されるための競争は，異なったマーケティング競争への理解が必要であることを示唆として与えてくれたが，この示唆は，競合ブランドとのマーケティング競争を一切考慮していない。つまり，分析事例1のように，どの競合ブランドと考慮集合において競争すべきなのか（すべきではないのか）といった示唆は得られていないのである。

　同様に，**分析事例3**（チョコレート菓子市場）からも得られる示唆として，考慮集合を構成する選択代替案となるブランドに対する消費者選択行動性向は，常にブランド・ロイヤルティ性向が高い場合ばかりではないことが明らかになった。このことから，本質的なマーケティング競争を理解するためには，消費者選択行動の背景を注意深く理解しなければならないことが示唆されたが，この示唆についても，競合ブランドとのマーケティング競争は一切考慮されていない。つまり，どの競合ブランドと競争した結果として，ブラン

ド・ロイヤルティあるいはバラエティ・シーキングが観測されるのかといった示唆は得られていないのである。

以上，3つの分析事例から得られる競争市場構造分析の限界からも明らかなように，本章で紹介したマーケティング競争への理解には，一見すると競合ブランドとの競争関係が十分に考慮された示唆を得ることができているようにもとらえられる。しかし，実際は，当該ブランドと競合ブランドの間に存在する個別の競争関係については，ほとんど考慮されていないのである。

そこで，ブランド間に個別の競争関係があることを理解するために，本書が注目する新たな視点が「コンテクスト効果」である。次章では，代表的な2つのコンテクスト効果（妥協効果と魅力効果）を紹介し，本書で注目する「競争コンテクスト効果」という新しいマーケティング競争を理解するためのコンセプトを示していきたい。

第3章

競争のルールを変える
ブランドたち

消費者選択行動とコンテクスト効果

▶ はじめに

前章では，競争市場構造分析を用いた分析事例を通して，その有効性と改善点について検討してきた。そして，前章で紹介した競争市場構造分析によるマーケティング競争への理解には，一見すると当該ブランドと競合ブランドとの間にあるマーケティング競争を理解できるような示唆を得ることができたように思われるが，実際はこれらブランドの間に存在する個別の競争関係が無視されていることを示した。そこで，本章では，ブランド間のマーケティング競争に存在する個別の競争関係を明らかにし，マーケティング競争に対する新たな視点をマーケターに提供すべく，「コンテクスト効果」に注目していく。

1980年代以降，消費者選択行動におけるコンテクスト効果は，消費者行動研究において大きな関心を集めることになる[1]。そして今日においても，コンテクスト効果研究は，「行動経済学」と呼ばれる研究分野の中で再び関心が高まり，マーケティング研究においても消費者行動研究を中心に再び脚光を集めている[2]。また，コンテクスト効果は，マーケターにとって，自身が操作することができる統制可能変数あるいは利用可能な外的可能変数となりうるため，マーケティング戦略上，非常に示唆に富む可能性があることが指摘されている[3]。

そこで，本章では，コンテクスト効果に関する先行研究レビューから，選択機会（コンテクスト）に対する消費者の解釈が，いかに選択行動に影響を及ぼすのかについて検討していく。そして，本書の鍵概念となる「競争コンテクスト効果」について十分な考察を試みていきたい。

1 消費者選択行動におけるコンテクスト効果

消費者選択行動とは，不完全な情報に基づく満足化行動である[4]。私たち消費者は，なにかしらの選択機会に直面したとき，すべての

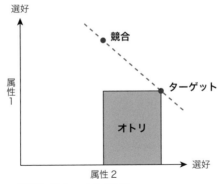

図3.1 魅力効果

(出所) Huber *et al.* (1982).

代替案を検討して，最適な問題解決行動を選択することはできない。たとえば，第1章で述べた「リフレッシュしたい」という問題意識（ニーズ）に直面したとき，私たちはガムやチョコレート，もしくは炭酸飲料やビールを選択するかもしれないが，リフレッシュするために存在するすべての代替案を考慮することは不可能であるし，たとえすべての代替案を考慮することができたとしても，その中から完全に合理的な評価に基づいて選択することも不可能である。

　消費者選択行動においては，非常に複雑な諸要因の影響が混在した満足化行動の結果として代替案の中から1つの選択肢（ブランド）が選ばれるわけだが，その諸要因の1つに代替案の相対的な位置づけに対する消費者の解釈（知覚）に影響を及ぼす「コンテクスト（文脈・状況）」がある。以下では，代表的なコンテクスト効果として，魅力効果と妥協効果について，消費者選択行動との関連を再検討していきたい[5]。

　「魅力効果（attraction effect）」とは，選択集合における代替案の関係において，非対称に優越される代替案が，それよりも優越する代替案の選択確率を高める現象のことである[6]。たとえば，考慮集合に「競合」と「ターゲット」となるブランドが，図3.1のように位置づけられて解釈されているとしよう。ターゲットは，競合に対し

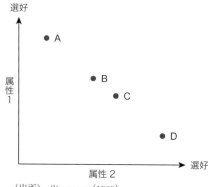

図3.2 妥協効果

（出所）　Simonson (1989).

て属性2では優越しているが属性1に対して劣っている。このとき，ターゲットに対して属性1と属性2ともに相対的に劣っている知覚空間に新しい代替案（オトリ）が考慮されたならば，その選択代替案によってターゲットの選択確率が高まるという現象がこれにあたる。

　それに対して，「妥協効果（compromise effect）」とは，考慮集合における選択代替案の関係において，相対的に中間に位置づけられる代替案が，最も選択確率を高める現象のことである[7]。たとえば，考慮集合にブランドBとブランドCが，図3.2のように位置づけられて解釈されるときに，ブランドBとブランドCに対して，属性2では劣っており属性1に対しては優越しているブランドAが新しく考慮されたならば，ブランドAによってブランドBの選択確率が高まるという現象がこれにあたる。また，ブランドBとブランドCに対して，属性2では優越しており属性1に対しては劣っているブランドDが新しく考慮されたならば，ブランドDによってブランドCの選択確率が高まることもそうである。

　ここまで，消費者選択行動に影響を及ぼす代表的なコンテクスト効果として，魅力効果と妥協効果を詳述してきたが，消費者選択行

動に対するコンテクスト効果研究の最大の貢献は，選択において，それまで一般的に想定されてきた無関係な代替案とは関係がない（独立である）という仮定（IIA 仮定）が成立しない関係の存在を実証したことであろう[8]。

しかし一方で，「なぜこのような現象（選択確率の変化）が起こるのか」ということについては，範囲頻度仮説や支配価値仮説，トレードオフ対比仮説など，さまざまな仮説が経験的に検証はされてきてはいるものの，決定的なものはなくアドホックに対応しているのが現状である。つまり，マーケターにとって，コンテクスト効果が利用可能な外的可能変数となりうることは間違いないが，統制可能変数として機能するかどうかは疑わしい[9]。また，非常に興味深いインプリケーションを提示してくれてはいるものの，実際のマーケティング競争における消費者選択行動としては，代替案の相対的な位置づけの解釈が限定的であり，現実的な競争対応への適用可能性は低い。

そこで次節では，よりマーケターにとって適用可能性が期待でき，かつ統制可能な消費者選択行動に対するコンテクスト効果として，「競争コンテクスト効果」について検討していきたい。

2 消費者選択行動における競争コンテクスト効果

本節では，マーケティング競争に存在する競争コンテクスト効果について検討していく。競争コンテクスト効果とは，「選択機会に直面した消費者の代替案に対する相対的な位置づけの解釈が，消費者選好に及ぼす影響」のことである。つまり，**当該ブランドに対してマーケティング競争が存在することで，当該ブランドの選択確率に競合ブランドが与える潜在的な影響**のことである。このような競争コンテクスト効果を検討するときに焦点となる消費者選択行動としては，同時決定的なものと逐次決定的なものを想定しなければならない。

▶ 同時決定的な消費者選択行動における競争コンテクスト効果

　同時決定的な消費者選択行動における競争コンテクスト効果については，ヒューバーらの研究[10]を手掛かりに検討することができる。この研究では，当該ブランドに対する競争コンテクスト効果を，消費者の価格弾力性（価格の変化量に対する選好の変化量の比率）を推定することで明らかにしている。この研究では，以下の実験手続きから競争コンテクスト効果を測定している。まず，6つの製品カテゴリーについて，それぞれ4種類のブランドを準備している。次に，価格，品質評価において最も優越されるブランドを外した3種類のブランドを評価させる統制群と，最も劣るブランドを外した3種類のブランドを評価させる実験群に分けている。つまり，被験者群ごとにそれぞれ別のブランドを選択代替案から削除することで，実験ブランドが相対的に異なった位置づけで代替案として解釈されるように設計されている（表3.1）。統制群においては，実験ブランドは最も高価格帯のブランドとして認識されることになり，実験群においては，実験ブランドは中程度の価格帯のブランドとして認識されることになる。そして，品質評価と価格情報によって規定される競争次元において，2つの競合ブランドに対して実験ブランドが最も優越する選択代替案として解釈されたならば（統制群），被験者は実験ブランドに対して非価格弾力的になることが明らかにされている。つまり，実験ブランドが選択代替案の中で最上級（最高価格，最高品質）となることから，実験ブランドの価格に対して，あまり敏感に反応しなくなるのである。一方で，妥協効果が期待される選択代替案として解釈されたならば（実験群），当該ブランドは，最も価格弾力的になってしまうことも明らかにされている。つまり，実験ブランドが選択代替案の中で中級（中価格，中品質）になることから，実験ブランドの価格に対して敏感に反応するようになるのである。このことは，これまでの先行研究では，選択確率が高まる妥協効果が期待される代替案として解釈されることに注目していたが，価格弾力性という成果変数に対しては，必ずしも好ましい状況ではないこ

表3.1 各製品カテゴリーについての考慮集合の構成

	ピーナッツバター	パンケーキシロップ	食器用洗剤	タイプライター	ロードバイク	カラーテレビ
最上級ブランド	Skippy	Log Cabin	Ivory	S.-Corona	Raleigh	Sony
品質評価	2.4	1.7	1.1	0.9	1.2	1.5
価格	$2.10	$1.77	$1.70	$399	$225	$470
実験ブランド	Jif	G. Griddle	Palmolive	Royal	Schwinn	RCA
品質評価	1.7	0.5	0.8	0.3	0.6	0.5
高価格	$2.06	$1.74	$1.69	$388	$219	$460
低価格	$1.78	$1.56	$1.57	$305	$175	$380
適当な価格ブランド	Numade	Embassy	Lux	Olympia	Nishiki	Philco
品質評価	−0.7	−0.3	−0.2	−0.3	−0.3	−0.7
価格	$1.73	$1.53	$1.55	$295	$170	$370
最下級ブランド	A&P	A&P	A&P	J. C. Penny	J. C. Penny	J. C. Penny
品質評価	−0.8	−0.9	−1.7	−0.9	−1.5	−1.3
価格	$1.70	$0.99	$0.70	$238	$100	$330

(出所) Huber et al. (1986).

とを示している。つまり，代替性に基づく交差価格弾力性から実験ブランドに対する選択確率を求めれば明らかであるが，妥協効果が期待される代替案として解釈されてしまうと，逆に選択確率が下がってしまうのである。

ここで留意したいことは，魅力効果や妥協効果を検証する実験デザインとは，被験者が直面している選択機会が異なるということである。魅力効果や妥協効果に関する先行研究は，考慮集合に新たな選択代替案が加えられることで，被験者内で考慮集合を形成する代替案の相対的な位置づけを変化させ，当該ブランドへの選択確率の変化に注目していた。それに対して，ヒューバーらは，考慮集合にある選択代替案の相対的な位置づけを被験者間で変化させることにより，当該ブランドに対する価格弾力性の変化に注目している。

つまり，前者は，考慮集合を構成する選択代替案が複数時点において変化しているのに対して，後者は一時点においてすべての選択

代替案が同時に検討されているのである。そして，前者の場合は，妥協効果によって選択確率の向上を期待することができるわけだが，後者の場合は，妥協効果を期待できる選択代替案が逆に最も低い選択確率となってしまうのである。このことは，マーケティング競争に対するマーケターの理解に大きく関わってくる問題である[11]。そこで，次項では，複数時点の選択機会に注目したコンテクスト効果について詳述する。

▶ **逐次決定的な消費者選択行動における競争コンテクスト効果**

逐次決定的な消費者選択行動における競争コンテクスト効果については，ナムとスターンサルの研究[12]を手掛かりに検討することができる。この研究は，直接的に競争コンテクスト効果に注目したものではなく，異なる製品カテゴリー間のブランド・イメージの「プライミング効果」に注目をしたものである。自宅のテレビでCMを視聴している状況を想像していただきたい。たとえば，高級なファッションブランドの広告を視聴した後に，クルマの広告に接触した場合，あなたはクルマの広告にどのような印象をもつだろうか。同様に，カジュアルなファッションブランドの広告を視聴した後に，同じクルマの広告に接触した場合は，どのような印象をもつだろうか。同じクルマの広告だったとしても，その直前に視聴した広告によって，異なった印象をクルマの広告に対して形成することが知られている。プライミング効果とは，コンテクスト効果の一種であり，先行刺激（ファッションブランドの広告）への接触が，後続刺激（クルマの広告）に対する評価に及ぼす影響のことである。しかし，その研究成果は，逐次決定的な消費者選択行動における競争コンテクスト効果の可能性を示唆したものとなっている。

この研究では，先行刺激となるブランドAが，後続刺激となるブランドBに与えるプライミング効果を，ブランドBに対する消費者選好を測定することで明らかにしている。異なる製品カテゴリーに所属するブランドAのイメージが，ブランドBに対する消費

者選好にプライミング効果を与えるような前後関係を設定し，ブランドAが所属する製品カテゴリーに対する専門知識力と認知的なアクセス容易性（ブランドAを意識できる程度）を調整変数とした実験デザインを設計している。

その結果，ブランドAが好ましい消費者選好を形成しているときは，ブランドAへの認知的なアクセス容易性が低い状況において，専門知識力が高い消費者には，ブランドBに対して好ましい消費者選好を形成させることが明らかにされている（同化効果）。一方で，専門知識力が低い消費者には，ブランドBに対して好ましくない消費者選好を形成させることが明らかにされている（対比効果）。

反対に，ブランドAが好ましい消費者選好を形成しているときは，ブランドAへの認知的なアクセス容易性が高い状況において，専門知識力が高い消費者には，ブランドBに対して好ましくない消費者選好を形成させることが明らかにされている（訂正対比効果）。一方で，専門知識力が低い消費者には，ブランドBに対して好ましい消費者選好を形成させることが明らかにされている（同化効果）。

ここで留意したいことは，上記の研究では，ブランドAのイメージが，ブランドBに与える影響に注目しているが，プライミング効果を検証しようとするがゆえに，被験者に対して逐次的にブランドに対する消費者評価を求めているということである。このことは，複数時点の選択機会を設定しなければならない魅力効果や妥協効果を検証する実験デザインと相似しており，考慮集合を構成する選択代替案が逐次的に変化している状況が検討されている。つまり，過去のマーケティング競争が，現在のマーケティング競争に影響を与えることを示しているのである。

3 選択機会と競争コンテクスト効果

前節までは，選択機会に直面した消費者の代替案に対する相対的な位置づけの解釈が，消費者選好に及ぼす影響について検討してき

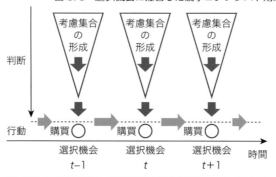

図 3.3 選択機会に注目した競争コンテクスト効果

た。そして，一時点と複数時点の選択機会における消費者選択行動には，まったく異なった競争コンテクスト効果が潜んでいることが明らかになった。そこで，本節では，このような選択機会の異質性における競争コンテクスト効果を，第Ⅱ部の実証分析にて，どのような手順で検証していくかを示したい。

図 3.3 は，本書で注目する選択機会と実証分析の対応関係を図 1.5（35 頁）に追記したものである。本書では，第 5 章で消費者の考慮集合について考察した後，第 6 章にて，一時点の選択機会における同時決定的な消費者選択行動に影響を及ぼす競争コンテクスト効果を明らかにしていく。そして，続く第 7 章にて，複数時点の選択機会における逐次決定的な消費者選択行動に影響を及ぼす競争コンテクスト効果を明らかにしていく。これら 2 つの実証分析から，いかに選択機会の異質性を十分に考慮したマーケティング競争への配慮が，戦略を策定するうえで重要であるかを示していくことになる。つまり，脱コモディティ化戦略として，どのように競争コンテクスト効果をマーケティング戦略に包含していくべきかを示していきたい。

4 プロポジション──脱コモディティ化戦略としての競争コンテクスト効果

　第Ⅱ部以降では，狂騒的マーケティング競争の結果，必然的に起こりうるコモディティ化への戦略対応として，マーケティング戦略資源としての競争コンテクスト効果を活用した，脱コモディティ化戦略を提示するための実証分析を行っていく。

　本書では，依然として熾烈なマーケティング競争が展開され，コモディティ化への一途をたどる2つの市場（ビール系飲料市場とチョコレート菓子市場）を分析対象としていく。そして，以降で提示していくリサーチ・デザインと競争市場構造分析モデルから得られる示唆を活用することで，マーケターならびに研究者は，以下のようなマーケティング競争への理解を図ることが可能になるだろう。

(1) 当該ブランドに対する消費者選好および選択確率に好ましい競争コンテクスト効果を与えるマーケティング戦略資源（競合ブランド）を特定（享受）することができる。

(2) 当該ブランドに対する消費者選好および選択確率に好ましくない競争コンテクスト効果を与える非マーケティング戦略資源（競合ブランド）を特定（回避）することができる。

(3) そして，狂騒的マーケティング競争が展開されるコモディティ化市場において，競争コンテクスト効果をマーケティグ戦略に包含していくことで，当該ブランドにとってより好ましいマーケティング競争を展開（脱コモディティ化）することができる。

COMPETITIVE CONTEXT AS MARKETING RESOURCES

PART II

競争を読み解くための実証分析

第4章

競争を読み解くための
リサーチ・デザイン

▶ はじめに

　本章では，マーケティング競争を読み解くための新たな視点として前章で提示した，競争コンテクスト効果を測定する方法を中心に，本書で展開する実証分析のリサーチ・デザインについて詳述していく。本書の実証分析では，依然として熾烈なマーケティング競争が展開され，コモディティ化への一途をたどる2つの市場について消費者調査を実施しており，これらの調査から収集されたデータで，第5章から第7章にかけて，それぞれ異なった分析視点から競争コンテクスト効果を明らかにしていく。

　そこで，本章では，第5章から第7章の調査対象とリサーチ・デザインについて説明していく。下記では，調査対象となる市場とブランドの選定について検討していく。そして，考慮集合や消費者選好，消費者知識，消費者選択・購買行動性向，消費者属性の測定方法について詳述し，各調査の関連性について整理していく。最後に，これらの基礎的な集計結果を示していく。なお，第2章の競争市場構造分析による分析事例に用いられたデータについても，本章で改めて紹介する。

1　調査対象とリサーチ・デザイン

　本書では，2つの市場について消費者調査を実施している。本節では，調査対象となる市場とブランドの選定について詳述した後に，消費者調査の設計について検討していきたい。

▶ 調査対象市場

　まずは，調査対象となる市場を選定していきたい。本書の目的は，競争コンテクスト効果をマーケティング戦略資源とするという視点から，マーケティング競争を理解することであり，それにより脱コモディティ化戦略を図ることである。調査対象市場は，依然として熾烈なマーケティング競争が展開され，コモディティ化への一途を

たどる市場とする。そこで，調査対象市場を選定するにあたって，以下の3つを選定基準としている。

第1の選定基準は，「選択代替案となる多数のブランドが存在する製品カテゴリーであること」である。多数のブランドが存在する市場では，必然的に競争圧力が高くなり，差別化も困難になってくるため，コモディティ化が侵攻している市場であると考えられる。

第2の選定基準は，「新製品が頻繁に発売される市場であること」である。多数のブランドが存在する中で，新製品が頻繁に発売されるということは，必然的に市場の新陳代謝も活発になり，さらなる新製品開発への競争圧力が高まることから，コモディティ化が侵攻している市場であると考えられる。

本書の目的に照らして考えると，コモディティ化が侵攻する要因となる，上記2つの選定基準をともに満たしている製品カテゴリーであることが好ましい。

そして，第3の選定基準は，「反復的な購買が期待できる製品カテゴリーであること」である。本書では，スキャナー・パネル・データ等の行動データではなく，消費者調査による判断データで消費者行動を測定していくため，消費者が日常的に反復購買をしている製品カテゴリーを対象にしたほうが，より正確に消費者選択行動を測定することができると考えられる。また，スキャナー・パネル・データ等の行動データの分析に対して示唆を与えることができる実証分析としていくためにも，上記の選定基準を満たしている製品カテゴリーであることが好ましい。

これら3つの選定基準に基づいて，いくつかの製品カテゴリーを選択し，最終的には，ビール系飲料（ビールおよび発泡酒や新ジャンルを含む）とチョコレート菓子（チョコレートとチョコレート菓子）を調査対象として選択した。

ビール系飲料については，相対的に高価格のサブカテゴリーとして酒税法上の「ビール」があり，それに対して低価格のサブカテゴリーとして，「発泡酒」や「その他醸造酒・リキュール（新ジャン

ル)」が市場を構成している。さらに，昨今では，酒税法上は「ビール」でありながらも，より高価格帯のプレミアムビールというサブカテゴリーも存在することが，第2章の分析結果からも明らかである。ビール系飲料市場を構成するサブカテゴリーについては，次章にて詳しく考察する。

　チョコレート菓子についても，主となる原材料は大部分で共通しているため，そもそも差別化することが困難なコモディティ化した製品カテゴリーである。しかし，第2章の分析結果からも明らかなように，製品形態や食感などの加工技術の違いによって，いくつかのサブカテゴリーが存在することは明らかである。チョコレート菓子市場を構成するサブカテゴリーについても，次章にて詳しく考察する。

▶ **調査対象ブランド**

　調査対象とするブランドについては，ビール系飲料，チョコレート菓子ともに，第2章でも述べたとおり「マーケティング情報パック（Mpac）」にあるコンビニエンス・ストアでの販売実績を参照しながら，各調査開始時点で販売金額が上位にリストアップされているブランドを選択した。

　ビール系飲料については，表4.1で示した21ブランドを調査対象としている。ビール系飲料市場は，アサヒ，キリン，サントリー，サッポロの主要4社で市場シェアの98%以上を占める寡占市場である。調査対象とする21ブランドも，すべて主要4社のいずれかが製造・販売するものである。それぞれのブランドは，350 ml 缶，500 ml 缶，中瓶，大瓶など，さまざまな製品形態がコンビニエンス・ストアでは販売されているが，本調査では対象を350 ml 缶に統一している。後述する調査項目によっては，ブランドのパッケージ画像を呈示しているが，すべて350 ml 缶のパッケージ画像を呈示している。

　酒税法による酒類では，「ビール」「発泡酒」「新ジャンル（その

表 4.1　調査対象ブランド：ビール系飲料

ブランド	メーカー	酒税法における酒類
熟撰	アサヒ	ビール*
ザ・プレミアム・モルツ	サントリー	ビール*
ヱビスビール	サッポロ	ビール*
スーパードライ	アサヒ	ビール
一番搾り	キリン	ビール
ラガービール	キリン	ビール
モルツ	サントリー	ビール
黒ラベル	サッポロ	ビール
スタイルフリー	アサヒ	発泡酒
淡麗グリーンラベル	キリン	発泡酒
北海道生搾り	サッポロ	発泡酒
アサヒオフ	アサヒ	新ジャンル
クリアアサヒ	アサヒ	新ジャンル
濃い味	キリン	新ジャンル
澄みきり	キリン	新ジャンル
のどごし生	キリン	新ジャンル
金麦	サントリー	新ジャンル
ジョッキ生	サントリー	新ジャンル
金のオフ	サッポロ	新ジャンル
麦とホップ	サッポロ	新ジャンル
北海道 PREMIUM	サッポロ	新ジャンル

（注）＊はプレミアムビール。

他の醸造酒〔発泡性〕①，またはリキュール〔発泡性〕①）」の3つのサブカテゴリーに分類される。しかし昨今では，酒税法による酒類では「ビール」に分類される，主要4社が多くの経営資源を費やす「プレミアムビール」という独自の競争市場構造を規定する可能性があるサブカテゴリーがあるため，これも含めて4つのサブカテゴリーを考える。

　次に，チョコレート菓子は，表4.2に示す21ブランドを調査対象としている。ここでは，種類別名称として「チョコレート」「準チョコレート」「チョコレート菓子」「準チョコレート菓子」「ビスケット」として分類されているブランドを分析対象として含んでいる。これらは，チョコレート生地の成分やその使用量の違いによって決められるものであるため，種類別名称が消費者選択行動に与え

表4.2 調査対象ブランド：チョコレート菓子

ブランド	メーカー	種類別名称
アーモンドチョコ	明治	チョコレート
ガルボミニ	明治	チョコレート
マカダミアチョコ	明治	チョコレート
ミルクチョコレート	明治	チョコレート
ガーナ	ロッテ	チョコレート
クランキー	ロッテ	チョコレート
GABA	グリコ	チョコレート
ダース	森永	チョコレート
小枝	森永	チョコレート
キットカット	ネスレ	チョコレート
LOOK	不二家	チョコレート
チョコボール	森永	準チョコレート
ベイク	森永	準チョコレート
きのこの山	明治	チョコレート菓子
たけのこの里	明治	チョコレート菓子
ホルン	明治	チョコレート菓子
トッポ	ロッテ	チョコレート菓子
ポッキー	グリコ	チョコレート菓子
コアラのマーチ	ロッテ	準チョコレート菓子
パイの実	ロッテ	準チョコレート菓子
アルフォート	ブルボン	ビスケット

る影響はないと考えている。したがって，消費者調査や実証分析では，この種類別名称をとくに考慮することなく，チョコレート菓子の市場として扱う。チョコレート菓子市場も，明治，ロッテ，江崎グリコ，森永製菓の主要4社で市場シェアの70%程度を占める寡占市場である。調査対象とする21ブランドは，主要4社に加えてネスレ，不二家，ブルボンのいずれかが製造・販売するものである。ただし，ブランド別のコンビニエンス・ストアでの販売金額実績では，ネスレのキットカットが首位であった。チョコレート菓子もビール系飲料と同様に，容量やフレーバーの異なるさまざまな製品形態がコンビニエンス・ストアでは販売されている。本調査では，これらの製品形態の違いによる分析結果の誤差をなくすために，コンビニエンス・ストアで販売されている主要な製品形態を調査対象としている。後述する調査項目によっては，ブランドのパッケージ画

像を呈示しているが，すべてコンビニエンス・ストアで販売されている主要な製品形態のパッケージ画像を呈示している。

▶ **調査デザイン**

本書では，ビール系飲料とチョコレート菓子それぞれについて消費者調査を実施している。以降では，表記を簡素化するために，ビール系飲料を調査対象としたものを「調査 B (Beer)」，チョコレート菓子を調査対象としたものを「調査 C (Chocolate)」とする。どちらの調査も，ほぼ共通の測定項目が設定されている。第 5 章以降では，2 つの分析結果を並行して詳述し，適宜比較する形式となっている。

2 測定項目──考慮集合と消費者選好

▶ **考慮集合の測定**

考慮集合とは，第 1 章でも詳述したが，入手可能なすべての代替案（ブランド群）の部分集合であり，この考慮集合を構成する選択代替案から最終的に購買されるブランドが決定されるのである[1]。排他的選択モデルにおいては，選択（購買）されるブランドは 1 つであり，入手可能な全ブランド数を M とおくと，消費者 i が形成する考慮集合のサイズ C_i は $1 \leq C_i \leq M$ となる。同じく第 1 章で述べたように，考慮集合の形成には，段階的な消費者情報処理によって，考慮集合を構成する選択代替案が厳選されていくプロセスが検討されており，考慮集合の形成プロセスは多岐にわたる。

本調査では，こうした考慮集合の形成プロセスを検討していく中で，実際に消費者が購買することを検討している単一または複数のブランドを回答してもらうことで，消費者個人ごとの考慮集合を測定している。以下の質問より，測定項目には回答者に実際に購買を検討してもらうことを明示的に要求している。

あなたは，（缶ビール／チョコレート菓子）を買うときに，以下のそれぞれの（缶ビール／チョコレート菓子）のブランドのうち，購入を検討するブランドはどれですか．

　選択肢には調査対象とした全21ブランドのブランド・ネームとパッケージ画像を呈示し，実際に購買を検討するブランドすべてについてチェックを入れる回答形式となっている（図4.1と図4.2）。もちろん回答方法として，全21ブランドを選択することも，すべてのブランドを選択しないことも許容している。また，この測定項目では，消費者が店頭で直面する選択機会を想定したものとなっている。つまり，第1章で示したところの想起集合と対面集合を統合したものを考慮集合として測定しているのである。

▶ 消費者選好の測定

　各ブランドに対する消費者選好の測定について，本調査では，従来から使用されている測定方法に加え，逐次的に競争を意識させる消費者選好についても測定する。以降では，混乱を避けるために，従来の消費者選好の測定方法を「刺激なし選好」，逐次的に競争を意識させる消費者選好の測定方法を「刺激付き選好」と呼ぶことにする。とくに第6章では，刺激なし選好のみを分析に用いていくが，ここで「選好」と呼んでいるものは，刺激なし選好を指している。刺激付き選好の利用と分析モデルについては，第7章にて詳述していくため，本章ではその測定方法についてのみ説明していきたい。

刺激なし選好

　本調査で実施した刺激なし選好（競争を意識させない消費者選好）の測定方法は，実際にどの程度当該ブランドを購買したいかを「非常に買ってみたい〜全く買ってみたくない」までの7段階リッカート尺度で，以下の質問に回答してもらっている。

図 4.1 考慮集合の測定：ビール系飲料

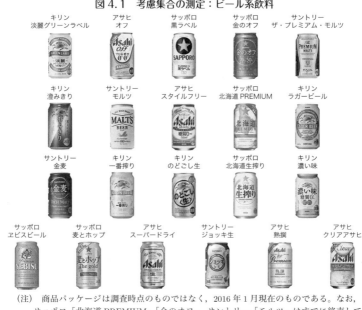

(注) 商品パッケージは調査時点のものではなく，2016年1月現在のものである。なお，サッポロ「北海道 PREMIUM」「金のオフ」，サントリー「モルツ」はすでに終売している。
(画像提供) キリン株式会社，アサヒグループホールディングス株式会社，サッポロホールディングス株式会社，サントリーホールディングス株式会社の各社より。

図 4.2 考慮集合の測定：チョコレート菓子

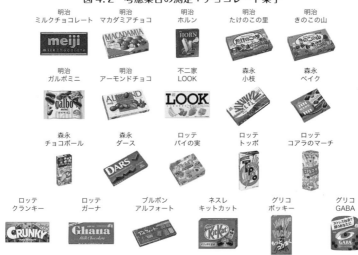

(注) 商品パッケージは調査時点のものではなく，2016年1月現在のものである。
(画像提供) 株式会社明治，株式会社不二家，森永製菓株式会社，株式会社ロッテ，株式会社ブルボン，ネスレ日本株式会社，江崎グリコ株式会社の各社より。

第 4 章 競争を読み解くためのリサーチ・デザイン 81

図 4.3　刺激付き選好の測定（一例：ビール系飲料）

アサヒ　スーパードライ　　　　キリン　一番搾り

（画像提供）　アサヒグループホールディングス株式会社，キリン株式会社より。

　あなたは，以下のそれぞれの（缶ビール／チョコレート菓子）のブランドをどの程度買ってみたいと思いますか。あなたのお考えに最もあてはまるものを「非常に買ってみたい」～「全く買ってみたくない」までそれぞれ1つずつお答えください。

刺激付き選好

　本調査で実施した刺激付き選好（競争を意識させる消費者選好）の測定方法は，明示的に競合ブランドの購買を意識させ，その刺激を与えたうえで当該ブランドに対する消費者選好を測定するものである（図4.3）。測定方法としては，ある特定の競合ブランド（A）を購買することを意識させた後に，どの程度当該ブランド（B）を購買したいかを「非常に買ってみたい～全く買ってみたくない」までの7段階リッカート尺度で，以下の質問に回答してもらっている。また，それに加えて，「ブランドAを知らないのでわからない」という選択肢も用意している。これは，回答者がブランドAを知らないときには，ブランドBに対する競合ブランドとして意識されない可能性があるためである。実証分析においては，「ブランドAを知らないのでわからない」と回答した標本については分析対象外としている。以降では，混乱を避けるために，ブランドAを刺激ブランド，ブランドBを対象ブランドと呼ぶことにする。

　あなたはブランドAの（缶ビール／チョコレート菓子）を買おうとお店に入りましたが，（缶ビール／チョコレート菓子）の商

品棚にブランドAはなくブランドBの（缶ビール／チョコレート菓子）がありました。このような状況で，あなたはブランドBの（缶ビール／チョコレート菓子）をどの程度買いたいと思いますか。あなたのお考えに最もあてはまるものを「ブランドBを非常に買いたい」〜「ブランドBを全く買いたくない」までで1つずつお答えください。また，ブランドAを知らないときには，「ブランドAを知らないのでわからない」とお答えください。

なお，消費者個人に対して刺激付き選好を測定する際，分析対象となるブランドがJ個のとき，刺激なし選好に関する測定はJ項目になるが，すべての刺激付き選好について測定しようとすると，$J(J-1)$項目になってしまい，非常に回答負荷が高くなってしまう。

とくに本調査では，21ブランドを調査対象としているため，合計420ペアの刺激ブランドと対象ブランドの組合せを測定しなければならないことになる。そこで，本調査では，回答者を18グループに分割して，各グループで異なる「刺激ブランド—対象ブランド」のペアについて測定を行っている。1つのグループにつき25ペアの刺激付き選好を測定することで，合計18グループから全420ペアについて刺激付き選好を測定することができる。ただし，25ペア×18グループ＝450ペアとなるが，全420ペアのうち30ペアについては，2つの異なるグループ間で同じペアの刺激付き選好を測定している。

3 測定項目——消費者知識

本節では，マーケティング競争を規定する消費者選択行動に影響を及ぼす変数の1つとして，「消費者知識（consumer knowledge）」に注目していきたい。消費者知識は，消費者選択行動に影響を及ぼす

重要な消費者特性として,これまでにも多くの先行研究が存在する[2]。そこで,以下では,消費者知識の構成概念と測定方法について詳述していきたい。

▶ 精通性と専門知識力

消費者知識は,当該製品カテゴリーに対する「精通性（familiarity）」と「専門知識力（expertise）」から構成される[3]。精通性とは,購買経験数や使用経験数から形成される消費者知識の量的な側面を形成するものである[4]。一方,専門知識力とは,購買経験や使用経験に関連する個々の課題をうまく遂行する能力のことであり,消費者知識の質的な側面を形成するものである[5]。そして,両者の関係としては,精通性が増大するにつれて専門知識力が向上することが明らかにされている[6]。

精通性については,消費者の購買意思決定プロセスにおけるヒューリスティクスに影響を与えることが指摘されており,本調査で測定される消費者選好にも影響があることが推測される[7]。

また,専門知識力は,客観的知識（objective knowledge）と主観的知識（subjective knowledge）に大別される[8]。客観的知識とは,消費者の長期記憶[9]に貯蔵されている当該製品カテゴリーに関する正確な情報のことであり,主に製品カテゴリーに関する消費者知識のことである[10]。客観的知識については,消費者の情報処理における外部情報探索において利用されることが多く,本調査で測定される考慮集合に影響があることが推測される[11]。

一方で,主観的知識とは,当該製品カテゴリーに関して,消費者がどの程度知っているのかを消費者自身がどのように知覚しているのか自己評価する手続き的知識のことであり,当該製品カテゴリーに関連した経験に付随する消費者知識のことである[12]。主観的知識については,消費者の内部情報探索を含む情報処理の精度を規定することが指摘されており,客観的知識と同様に本調査で測定される考慮集合に影響があることが推測される[13]。

図 4.4 消費者知識の構成

　また，客観的知識と主観的知識の関係性については，多くの先行研究で検討されている[14]。専門知識力を構成する消費者知識であるため，客観的知識と主観的知識の相関関係を指摘する先行研究も多いが，有意な相関関係がないことを指摘している研究もある[15]。こうした主観的知識と客観的知識については，その相関関係を統計的に検討したレビュー論文もあり，客観的知識と主観的知識の相関関係は，多くの場合に正の関係をもつが，その強さは製品カテゴリーの特性によって異なってくるとされている[16]。

　本書では，これまでの包括的な先行研究レビューから，消費者知識を構成する精通性，客観的知識，主観的知識の関係性を，図4.4のような構成と考える。つまり，消費者選択行動は，外部情報探索の程度を規定する客観的知識と，内部情報探索を含む消費者情報処理の精度を規定する主観的知識によって規定されるわけだが，ここに購買経験数や使用経験数に応じて，当該ブランドに対する消費者選好（ヒューリスティクス）に影響を与えうる精通性が調整変数として仮定される構成となっている。

▶ **消費者知識の測定**

　ここまで，マーケティング競争を規定する消費者選択行動に影響を及ぼす消費者知識の構成が明らかになったところで，次に，本調査で用いる消費者知識の測定尺度について詳述していきたい。消費者知識の測定については，どちらの調査でも設定されている。ただ

し，調査Bと調査Cでは，調査対象となる製品カテゴリーが異なってくるため，客観的知識の測定尺度についてのみ，異なった測定方法が設定されている。

精 通 性

先にも述べたように，精通性とは，購買経験数や使用経験数から形成される消費者知識である。そこで，本調査では，当該製品カテゴリーにおける購買行動と使用経験について測定することで当該製品カテゴリーの精通性を測定していく。

ビール系飲料については，以下の質問の2項目によって，購買行動と使用経験について「7．毎日2缶以上，6．1日1缶程度，5．2〜3日に1缶程度，4．1週間に1缶程度，3．1カ月に2〜3缶程度，2．1カ月1缶，1．1カ月1缶未満」の7段階で測定している。

1）あなたはどのくらいの頻度でビールを購入しますか。
2）あなたはどのくらいの頻度でビールを飲みますか。

また，チョコレート菓子についても，以下の質問の2項目によって，購買行動と使用経験について「7．毎日2箱（袋）以上，6．1日1箱（袋）程度，5．2〜3日に1箱（袋）程度，4．1週間に1箱（袋）程度，3．1カ月に2〜3箱（袋）程度，2．1カ月1箱（袋），1．1カ月1箱（袋）未満」の7段階で測定している。

1）あなたはどのくらいの頻度でチョコレート菓子を購入しますか。
2）あなたはどのくらいの頻度でチョコレート菓子を食べますか。

客観的知識

客観的知識とは，消費者の長期記憶に貯蔵されている当該製品カ

表 4.3　客観的知識の測定（調査 B：ビール系飲料）

以下のそれぞれの缶ビールのブランドについて，どこのメーカーから発売されているものなのかをあなたご自身のお考えでそれぞれ 1 つずつお答えください。	
熟撰（1） ザ・プレミアム・モルツ（5） ヱビスビール（7） スーパードライ（1） 一番搾り（3） ラガービール（3） モルツ（5） 黒ラベル（7） スタイルフリー（2） 淡麗グリーンラベル（4） 北海道生搾り（8） アサヒオフ（2） クリアアサヒ（2） 濃い味（4） 澄みきり（4） のどごし生（4） 金麦（6） ジョッキ生（6） 金のオフ（8） 麦とホップ（8） 北海道 PREMIUM（8）	1. アサヒが発売しているビール 2. アサヒが発売している発泡酒または新ジャンル 3. キリンが発売しているビール 4. キリンが発売している発泡酒または新ジャンル 5. サントリーが発売しているビール 6. サントリーが発売している発泡酒または新ジャンル 7. サッポロが発売しているビール 8. サッポロが発売している発泡酒または新ジャンル

（注）　表左側のブランドに付されている括弧内の数字は正解の選択肢。

テゴリーに関する正確な情報のことである。しかし，当該製品カテゴリーに関する正確な情報といってもさまざまな情報がある。そこで，本調査で測定する消費者選択行動に影響を及ぼす客観的知識として，当該製品カテゴリーにおける各ブランドとメーカーに関する判断テストを測定尺度として設定している。なお，客観的知識の測定は，正解が記載されてしまっている考慮集合の測定に先立って測定されている。ビール系飲料を調査対象とした調査 B では，全 21 ブランドについてメーカーと酒類（ビールか発泡酒または新ジャンルか）を回答してもらっている（表 4.3）。ここで，ビール系飲料については，主要 4 社で市場シェアの 98％ 以上が占められており，ブランド・ネームからもメーカーを推測することが一般に容易であるため，本調査では，メーカーに加えて酒類（ビールか発泡酒または新ジャンルか）を組み合わせた選択肢から回答してもらっている。チョコレート菓子を調査対象とした調査 C については，全 21 ブラン

表 4.4 客観的知識の測定（調査 C：チョコレート菓子）

以下のそれぞれのチョコレート菓子のブランドについて，どこのメーカーから発売されているものなのかをあなたご自身のお考えでそれぞれ 1 つずつお答えください。

アーモンドチョコ（1） ガルボミニ（1） マカダミアチョコ（1） ミルクチョコレート（1） ガーナ（2） クランキー（2） GABA（3） ダース（4） キットカット（5） LOOK（6） アルフォート（7） きのこの山（1） たけのこの里（1） ホルン（1） コアラのマーチ（2） トッポ（2） パイの実（2） ポッキー（3） 小枝（4） チョコボール（4） ベイク（4）	1. 明治 2. ロッテ 3. 江崎グリコ 4. 森永製菓 5. ネスレ 6. 不二家 7. ブルボン 8. ナビスコ

（注）表左側のブランドに付されている括弧内の数字は正解の選択肢。

ドについて発売元となるメーカーを回答してもらっている（表 4.4）。

主観的知識

　主観的知識とは，当該製品カテゴリーに関して，どの程度知っているのかを消費者自身が，どのように知覚しているのかという自己評価である。そこで，本調査では，当該製品カテゴリーを購買または使用する平均的な消費者と比較して，どの程度の情報を消費者自身が有しているのかを自己評価する測定項目を設定している。測定項目は先行研究を参考に，以下の 3 項目について，「非常にそう思う」〜「全くそう思わない」までの 7 段階リッカート尺度で回答してもらっている[17]。

1) 私は普通の人と比べて（ビール／チョコレート菓子）についての知識があると思う。
2) 私は普通の人と比べて（ビール／チョコレート菓子）についての知識に自信がある。
3) 私は（ビール／チョコレート菓子）についての情報を理解することに自信がある。

▶ **消費者選択・購買行動性向の測定**

続いて，消費者の選択や購買に関わる特性について，ブランド・ロイヤルティとバラエティ・シーキング，価格感度と広告感度をそれぞれ以下の方法で測定する。ここまで何度か述べたように，ブランド・ロイヤルティとバラエティ・シーキングは行動データから測定されることが多いが，本書では判断データからこれらを測定している。つまり，厳密には実際の消費者選択行動から測定されたものとは異なり，ブランド・ロイヤルティ性向およびバラエティ・シーキング性向というべき消費者の特性を測定していることにご留意いただきたい。

ブランド・ロイヤルティ性向は，いつも同じ製品を購買してしまうことが多いかどうかを，以下の1項目について，「非常によく当てはまる」～「全く当てはまらない」までの7段階リッカート尺度で回答してもらっている。

いつも同じブランドの（缶ビール／チョコレート菓子）を買ってしまうことが多い。

同様に，バラエティ・シーキング性向についても，新製品や買ったことのない製品をみつけると購買してしまうことが多いかどうかを，以下の1項目について，「非常によく当てはまる」～「全く当てはまらない」までの7段階リッカート尺度で回答してもらっている。

新製品や買ったことのない（缶ビール／チョコレート菓子）を
　　　みつけると買ってしまうことが多い。

　これら消費者選択行動性向の測定に加えて，消費者購買行動性向
として，価格感度についても測定している。値引きされている製品
をとくに購入する傾向があるかどうかを，以下の1項目について，
「非常によく当てはまる」～「全く当てはまらない」までの7段階
リッカート尺度で回答してもらっている。

　　　値引きされている（安売りしている）（缶ビール／チョコレート
　　　菓子）があれば，一番好きなブランドでなくても買ってしまう
　　　ことが多い。

　同様に，広告感度についても，以下5項目について測定し，その
合成変数（算術平均値）を広告感度として用いる。個々の測定項目
については，他のものと同様に，「非常によく当てはまる」～「全
く当てはまらない」までの7段階リッカート尺度で回答を収集して
いる。

　　1) テレビCMで見たことがきっかけで（缶ビール／チョコレ
　　　ート菓子）を買ってしまうことが多い。
　　2) 雑誌広告・新聞広告で見たことがきっかけで（缶ビール／
　　　チョコレート菓子）を買ってしまうことが多い。
　　3) 駅広告や公共交通機関の車内広告を見たことがきっかけで
　　　（缶ビール／チョコレート菓子）を買ってしまうことが多い。
　　4) 店頭で特別展示されているのを見たことがきっかけで（缶
　　　ビール／チョコレート菓子）を買ってしまうことが多い。
　　5) インターネット広告を見たことがきっかけで（缶ビール／
　　　チョコレート菓子）を買ってしまうことが多い。

4 調査結果の概要

2つの消費者調査は,すべて2013年に実施されたものである。インターネット調査会社の消費者パネルから回答を収集している。各消費者調査のデータ収集期間と標本数については,以下のとおりである。

調査B(ビール系飲料)は,2013年10月11日(金)から15日(火)にかけて実施され,合計1800人から回答を収集している。調査Bについては,20歳以上の回答者を対象としている。これに加えて,全くビール系飲料を飲まない(購買経験・消費経験がない)消費者も調査対象者から除外している。回答者は無作為に18グループのいずれかに割り付けられており,1グループは100人で構成されている。

調査C(チョコレート菓子)は,2013年10月9日(水)から11日(金)にかけて実施され,合計1800人から回答を収集している。これも回答者を無作為に18グループのいずれかに割り付けている。1グループは100人で構成されている。

ただし,調査Bと調査Cは,ほぼ同時期に同標本数の回答者に実施されたものであるが,回答者は異なっていることに注意されたい。また先に述べた測定項目に加えて,消費者属性(年齢と性別)についても回答してもらっている。以降では,ビール系飲料市場とチョコレート菓子市場それぞれについて,考慮集合サイズ,消費者知識,消費者選択行動性向,消費者購買行動性向,そして消費者属性に関する集計結果について詳述していく。

▶ **考慮集合サイズ**

図4.5は,ビール系飲料市場およびチョコレート菓子市場における考慮集合のサイズをヒストグラムにまとめたものである。代表的な値を比較すると,ビール系飲料では,考慮集合サイズが最小値1,平均値5.15,中央値4,最大値21ブランドであり,チョコレート

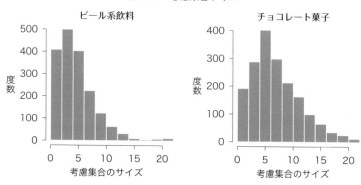

図4.5 考慮集合サイズ

菓子では，最小値 1，平均値 7.44，中央値 7，最大値 21 ブランドであった[18]。これら集計結果を比較すると，チョコレート菓子のほうが，全体的に考慮集合のサイズが大きいことがわかる。第1章でも紹介した考慮集合のサイズに関する研究では，平均的な考慮集合のサイズはビールは3から7ブランドであり，本書の集計結果もこの値の範囲内に含まれていることから，おおよそ妥当な考慮集合のサイズであるといえる。チョコレート菓子の考慮集合のサイズに関する先行研究はないが，類似した製品カテゴリーの平均的なサイズとして，クッキーが4.9ブランド，チョコレートチップクッキーが5ブランドであり，本書の集計結果のほうが，やや考慮集合のサイズが大きくなっている[19]。ビール系飲料市場とチョコレート菓子市場はともに，競合ブランドが多く，新製品も次々に上市される市場であるが，相対的にはチョコレート菓子市場のほうが，よりコモディティ化が侵攻しているであろう，狂騒的なマーケティング競争下にあることがわかる。

▶ 消費者知識

信頼性分析

表4.5は，消費者知識に関する測定項目から収集された各構成概念の集計結果である[20]。精通性，客観的知識，主観的知識はいず

表 4.5 消費者知識：各構成概念の信頼性と分布

		調査 B	調査 C
精通性	項目数	2	2
	信頼性	0.893	0.938
	最小値	0.188	0.188
	中央値	0.625	0.500
	平均値	0.622	0.483
	最大値	1	1
主観的知識	項目数	3	3
	信頼性	0.958	0.957
	最小値	0.143	0.143
	中央値	0.429	0.429
	平均値	0.463	0.446
	最大値	1	1
客観的知識	項目数	21	21
	信頼性	0.804	0.800
	最小値	0.000	0.000
	中央値	0.571	0.476
	平均値	0.575	0.500
	最大値	1	1

表 4.6 消費者知識：各構成概念の相関関係

相関係数	精通性	主観的知識	客観的知識
精通性		0.486	0.234
主観的知識	0.538		0.212
客観的知識	0.243	0.213	

（注）上三角部分は調査 B，下三角部分は調査 C。

れも，信頼性係数クロンバック α について，各調査で十分に高い信頼性があることが確認された。

構成概念間の相関関係

表 4.6 は，消費者知識の各構成概念間の相関関係を分析した結果である。上三角のグレー部分が調査 B（ビール系飲料）の相関係数であり，下三角のグレー部分が調査 C（チョコレート菓子）の相関係数である。精通性，客観的知識，主観的知識のいずれにおいても，各調査で相関関係は 1% 以下の水準で有意であることが確認された。

表 4.7 消費者選択・購買行動性向

		調査 B	調査 C
ブランド・ロイヤルティ性向	最小値	1.000	1.000
	中央値	5.000	5.000
	平均値	4.716	4.481
	最大値	7.000	7.000
バラエティ・シーキング性向	最小値	1.000	1.000
	中央値	4.000	4.000
	平均値	3.627	3.969
	最大値	7.000	7.000
価格感度	最小値	1.000	1.000
	中央値	4.000	5.000
	平均値	3.762	4.281
	最大値	7.000	7.000
広告感度	項目数	5	5
	信頼性	0.941	0.914
	最小値	1.000	1.000
	中央値	3.333	3.500
	平均値	3.191	3.393
	最大値	7.000	7.000

▶ **消費者選択・購買行動性向**

表 4.7 は，回答者の消費者選択行動性向と購買行動性向に関する集計結果である。このうち，広告感度については合成変数であるため，信頼性係数（クロンバック α）も示している。

両調査を比較すると，ブランド・ロイヤルティ性向については，調査 B（ビール系飲料）の平均値のほうが高く，ビール系飲料のほうがチョコレート菓子よりも，消費者は特定のブランドを購買する傾向が高いことがわかる。反対に，バラエティ・シーキング性向および価格感度については，調査 C（チョコレート菓子）の平均値のほうが高く，ビール系飲料と比較しても，消費者は価格の安さを重視し，多様なブランドを購買する傾向が高いことがわかる。広告感度についても調査 B よりも調査 C の平均値のほうが高く，チョコレート菓子のほうが，ブランド選択における消費者の意思決定において，広告の影響が大きいことがわかる。

表 4.8 消費者属性：性別・年齢

		調査 B	調査 C
性別	男性	1093	857
	女性	707	943
	女性比率	39.3%	52.4%
年齢	最小値	20	15
	中央値	48	45
	平均値	46.8	45.0
	最大値	64	64

▶ **消費者属性**

表 4.8 は，回答者の性別と年齢に関する集計結果である。スクリーニングをしているため，日本における一般的な消費者の年齢・性別の分布とは異なっているので注意されたい。性別については，調査 B（ビール系飲料）では，男性の比率のほうが高く，調査 C（チョコレート菓子）では，女性の比率のほうがわずかに高い。年齢については，平均値はおおよそ同じであるが，最小値は，調査 B（ビール系飲料）では法律上飲酒可能な 20 歳が最小値であるのに対して，調査 C（チョコレート菓子）では 15 歳が最小値となっている。

5 まとめ——リサーチ・デザイン

本章では，第 5 章から第 7 章にかけて共通する調査対象とリサーチ・デザインについて詳述してきた。とくに，実証分析で注目していきたい考慮集合や消費者選好，消費者知識の測定方法については詳細な説明を加え，基礎的な集計結果を示してきた。次章では，競争市場構造としての考慮集合に関する 2 つの事前分析結果を提示し，本書の分析対象となる競争市場構造（ビール系飲料とチョコレート菓子）の概況について詳述していきたい。

第5章

消費者の選択行動から競争を読み解く

考慮集合と消費者選択行動

▶ はじめに

本章では,マーケティング競争に潜む競争コンテクスト効果を明らかにするために,考慮集合という観点から,本書の調査対象となる2つの競争市場構造(ビール系飲料とチョコレート菓子)について,2つの事前分析を行う。1つは,消費者選択行動がどのように競争市場構造を規定するのかを明らかにするために,考慮集合と消費者選択行動と購買行動の関係性について分析を行う。もう1つは,競争市場構造の概況を明らかにするために,考慮集合を構成する選択代替案(ブランド)と消費者知識,消費者属性との関係性について分析を行う[1]。

1 [事前分析1] 考慮集合と消費者選択・購買行動

事前分析1では,消費者選択行動がどのように競争市場構造(考慮集合のサイズ)を規定するのかを明らかにする。前章の集計結果でも示したように,本書の調査対象となる考慮集合のサイズは,最も小さければ0だが[2],最大は提示した全21ブランドであり,消費者ごとにかなりばらつきが多いことがわかった。そこで,本節では,考慮集合のサイズを推定するモデルを構築し,考慮集合のサイズに影響を与える要因を検討していく。具体的には,考慮集合のサイズを被説明変数にとり,説明変数として前章で述べた2つの消費者選択行動性向と2つの消費者購買行動性向,そして精通性を組み込んだ回帰分析となっている。

被説明変数となる考慮集合のサイズは,入手可能集合(第1章の図1.1〔27頁〕を参照)を上限とする仮定をおいている。消費者調査では,ビール系飲料,チョコレート菓子ともに,全21ブランドのブランド・ネームとパッケージ画像を呈示し,実際に購買を検討するブランドすべてについてチェックを入れる回答形式となっていた。つまり,観測される考慮集合のサイズは $n=21$ の二項分布に従うと仮定することができる。また,その考慮集合のサイズに影響を与

表 5.1 説明変数の概要

変数ラベル	変数の型	概要
消費者選択行動性向		
ブランド・ロイヤルティ	連続(7段階)	同じブランドを買ってしまうことが多いか
バラエティ・シーキング	連続(7段階)	新製品や買ったことのないブランドをみつけると買ってしまうことが多いか
消費者購買行動性向		
価格感度	連続(7段階)	値引きされている(安売りしている)ブランドがあれば,一番好きなブランドでなくても買ってしまうことが多いか
広告感度	連続(合成変数)	広告をきっかけにブランドを買ってしまうことが多いか
精通性	連続(合成変数)	カテゴリーの利用,購入の頻度
コントロール変数		
性別	2値	男性=0,女性=1
年齢	連続	年齢の対数

えるパラメータ p_i については,説明変数 X_i からの影響があるといえる。ただし,$0 < p_i < 1$ であるため,ロジスティック関数によって値を変換する(リンク関数)。こうして,以下のような一般化線形モデルとして定義できる[3]。

$$y_i \sim Binomial(21, p_i)$$
$$p_i = \frac{\exp(X_i\beta)}{1 + \exp(X_i\beta)} \quad (5.1)$$

先述したように,説明変数 X_i は2つの消費者選択行動性向と2つの消費者購買行動性向,そして精通性とする。これらに加えて,コントロール変数として,消費者属性(性別と年齢)も含める。これらの変数の概要については,前章でも詳述しているが,改めて表5.1に示しておく。

次に,説明変数 X_i の相関関係を検討する。表5.2は,これらの変数から得られた相関係数行列である。上三角成分はビール系飲料の相関係数を示しており,下三角成分はチョコレート菓子の相関係数を示している。まずは,相関係数行列から多重共線性があるかを

表5.2　相関係数行列（上：ビール系飲料，下：チョコレート菓子）

	BL	VS	価格感度	広告感度	精通性	性別	年齢
ブランド・ロイヤルティ（BL）		0.086	0.061	0.151	0.320	−0.030	0.047
バラエティ・シーキング（VS）	0.194		0.550	0.722	0.325	0.076	−0.083
価格感度	0.204	0.452		0.477	0.190	0.035	−0.091
広告感度	0.252	0.698	0.413		0.376	0.074	−0.083
精通性	0.313	0.470	0.326	0.477		−0.112	0.097
性別	0.084	0.223	0.144	0.216	0.147		−0.163
年齢	−0.082	−0.184	−0.129	−0.100	−0.111	−0.242	

検討する[4]。ビール系飲料とチョコレート菓子の双方に見られる傾向として，バラエティ・シーキングと価格感度，広告感度，精通性の間には，相関関係があることがわかる。また，ブランド・ロイヤルティとそれら変数の間にも，バラエティ・シーキングほどではないが，相関関係があることがわかる。ただし，多重共線性を検討する指標であるVIF（分散増幅因子）値を計算したところ，ビール系飲料では最大で2.39，平均で1.52であり，チョコレート菓子では最大で2.21，平均で1.49であった。一般的な基準として，10を超えると多重共線性が疑われるとされており，今回は大きな問題はないと考えられる。しかしながら，変数が安定して推定されていることを確認するため，いくつかのモデルを比較しながら，最適なモデル選択を行っていきたい。

推定を行った結果が表5.3である。まずは比較モデルであるが，比較モデル1ではフルモデルから価格感度，広告感度，精通性を外しており，比較モデル2ではフルモデルから価格感度，広告感度を外している。フルモデルとのモデル適合の比較はAIC（赤池情報量規準）を基準とする。ここで，AICを見ると，ビール系飲料，チョコレート菓子の双方で，フルモデルが最もAICが小さく，最適なモデルであることがわかる。そこで，以下ではフルモデルの推定結果を考察していきたい。

まず，ビール系飲料，チョコレート菓子ともに，考慮集合サイズに対して2つの消費者選択行動性向（ブランド・ロイヤルティ，バラ

表5.3　二項分布回帰の推定結果

ビール系飲料	比較モデル1		比較モデル2		フルモデル	
	推定値	SE	推定値	SE	推定値	SE
切片	−1.707	0.213 ***	−1.678	0.213 ***	−1.981	0.216 ***
ブランド・ロイヤルティ	−0.044	0.007 ***	−0.050	0.008 ***	−0.053	0.008 ***
バラエティ・シーキング	0.182	0.007 ***	0.175	0.008 ***	0.122	0.011 ***
価格感度					0.083	0.009 ***
広告感度					0.021	0.012 †
精通性			0.020	0.007 **	0.016	0.007 *
性別	−0.083	0.025 ***	−0.074	0.025 **	−0.074	0.025 **
年齢	0.036	0.054	0.021	0.054	0.057	0.054
対数尤度	−5165.7		−5161.6		−5110.4	
AIC	10341.4		10335.2		10236.8	

チョコレート菓子	比較モデル1		比較モデル2		フルモデル	
	推定値	SE	推定値	SE	推定値	SE
切片	0.256	0.170	0.218	0.171	0.046	0.173
ブランド・ロイヤルティ	0.012	0.007	−0.013	0.008 †	−0.023	0.008 **
バラエティ・シーキング	0.148	0.007 ***	0.106	0.008 ***	0.059	0.009 ***
価格感度					0.069	0.008 ***
広告感度					0.050	0.011 ***
精通性			0.108	0.008 ***	0.092	0.008 ***
性別	0.078	0.023 ***	0.066	0.023 **	0.050	0.023 *
年齢	−0.411	0.042 ***	−0.409	0.042 ***	−0.411	0.042 ***
対数尤度	−6239.4		−6152.0		−6096.7	
AIC	12488.8		12315.9		12209.4	

（注）　SE：標準誤差，†：10％，＊：5％，＊＊：1％，＊＊＊：0.1％

エティ・シーキング）が影響を及ぼしていることがわかる。ブランド・ロイヤルティによる消費者選択行動性向が強ければ，考慮集合のサイズを小さくする傾向があり，バラエティ・シーキングによる消費者選択行動性向が強ければ，考慮集合のサイズが大きくなることがわかった。また，2つ消費者購買行動性向（価格感度，広告感度）および精通性は，いずれも考慮集合のサイズに正の影響を与えており，考慮集合サイズを大きくする要因となることがわかった。

2　[事前分析2] 考慮集合と消費者知識・属性

▶ 考慮集合への所属・選択確率

　事前分析2では，競争市場構造（考慮集合）の概況を明らかにす

るために，考慮集合を構成する選択代替案（ブランド）と消費者知識，消費者属性との関係性について詳述していく。本項では，これまでの研究で定式化された確率的選択モデルの貢献と限界について詳述し，次項にて提示する離散選択モデルを拡張した階層因子分析モデルを用いて，本書の調査対象となる2つの競争市場構造の概況について示していきたい。

確率的選択モデル

まず，$P_i(j)$ を消費者 i によってブランド j が選択される確率とおく[5]。

$$P_i(j) = \sum_{C \in G(j)} P_i(j \mid C) P_i(C \mid G) \tag{5.2}$$

ここで，G は考慮集合となりうるすべてのブランドの組合せのことである。$G(j)$ は G の部分集合であり，ブランド j が含まれる考慮集合のことである。ブランド j の選択確率は，考慮集合 C が構成される確率 $P_i(C \mid G)$ と，$P_i(C \mid G)$ を所与として考慮集合 C からブランド j が選択される確率 $P_i(j \mid C)$ の積で表現することができる。上式では，消費者 i が考慮集合 C を選択する確率が個人ごとに推定されることになる。たとえば，ブランド $\{a, b, c\}$ という選択代替案があるとき，すべての考慮集合の組合せは，空集合を除くと $\{a\}$, $\{b\}$, $\{c\}$, $\{a, b\}$, $\{a, c\}$, $\{b, c\}$, $\{a, b, c\}$ となる。この7種類の考慮集合の代替案が G である。ここで，ブランド a が選択されるためには，$\{a\}$, $\{a, b\}$, $\{a, c\}$, $\{a, b, c\}$ のいずれかの考慮集合である必要がある。この4種類の考慮集合が $G(a)$ に含まれている。

このような考慮集合は，離散選択モデルに組み込むことで，いくつかのモデルがこれまでにも提案されているが[6]，選択代替案が多くなってしまうと，考慮集合の代替案が膨大になってしまうという欠点がある。選択代替案が J 個ならば，考慮集合は $2^J - 1$ 種類も想定されることになり，$2^J - 1$ 種類の考慮集合について選択確率が推

定されることになる。たとえば,選択代替案が 10 ブランドある場合,1023 種類の考慮集合について選択確率を推定しなければならない。本書ではそれぞれの市場において 21 ブランドを分析対象としているので,この定式化では,209 万 7151 種類の考慮集合について確率を推定することになる。つまり,選択代替案となるブランド数が多くなるほど,推定することが困難になるため,確率的選択モデルの改善を試みなければならない。

そこで,選択代替案となる各ブランドが考慮集合を構成する確率を推定する確率的選択モデルを提示している研究がいくつかある[7]。ブランド j に対して消費者 i が考慮集合を構成する選択代替案とするかどうかを 2 値で規定し,これに潜在変数を仮定する離散選択問題とすることで,ブランド j が考慮集合を構成する選択代替案となる確率(所属確率)を推定するモデルである。このような確率的選択モデルでは,J 個のブランドが考慮集合を構成する選択代替案である場合,推定すべき選択確率は各ブランドが考慮集合に含まれるかどうかを個別に判定するため J 個になる[8]。本節でも,この定式化を参考に,各ブランドが考慮集合に含まれる選択代替案となる確率を推定するモデルを考えていきたい。つまり,消費者 i のブランド j に対する選択確率 $P_i(j)$ は,消費者 i の考慮集合 C_i にブランド j が選択代替案の 1 つとなる確率 $P_i(j \in C_i)$ と考慮集合 C_i を所与としてブランド j が選択される条件付き確率 $P_i(j \mid C_i)$ との積で表現することができる。

$$P_i(j) = P_i(j \mid C_i) P_i(j \in C_i) \qquad (5.3)$$

本節では,上式のうち,消費者 i の考慮集合 C_i においてブランド j が選択代替案となる確率 $P_i(j \in C_i)$ について考察していく。さらに,競争市場構造を構成するサブカテゴリーと考慮集合の関連性についても検討していくことで,実証分析で注目していく競争市場構造(ビール系飲料とチョコレート菓子)の概況についてより理解を深めていきたい。

階層因子分析モデル

まずは，ブランド j が消費者 i の考慮集合 C_i を構成する選択代替案となる確率について，変数 z_{ij} を以下のように定義する。

$$z_{ij} = \begin{cases} 1 & if \quad j \in C_i \\ 0 & else \end{cases} \quad (5.4)$$

変数 z_{ij} は観測変数であり，$\{0, 1\}$ の値をとる離散変数である。消費者 i がブランド j について考慮集合を構成する選択代替案の1つとするとき，$z_{ij} = 1$ となり，そうでなければ 0 となる。ここで，離散選択モデルを規定する潜在変数 z_{ij}^* を考えていきたい[9]。潜在変数 z_{ij}^* と z_{ij} の関係は以下のようになる。

$$z_{ij} = \begin{cases} 1 & if \quad z_{ij}^* > 0 \\ 0 & else \end{cases} \quad (5.5)$$

次に，この潜在変数を規定するために，以下のような因子分析モデルを考えていきたい。ここで，$z_i^* = (z_{i1}^*, \cdots, z_{iJ}^*)'$ である。

$$\begin{aligned} z_i^* &= \alpha + \Lambda f_i + \varepsilon_i, \\ \varepsilon_i &\sim N(0, I_J) \end{aligned} \quad (5.6)$$

ここで，Λ は因子負荷量となる $J \times Q$ の行列パラメータ，f_i は因子得点となる $Q \times 1$ のベクトルパラメータであり，Q 次元の因子分析モデルとなる。α は切片項であり，目的変数が標準化されていれば不要であるが，このモデルでは目的変数が潜在変数であるため必要となってくる。また，通常の因子分析モデルであれば，分散共分散行列は対角行列のパラメータになるが，このモデルでは潜在変数の識別条件を満たすために単位行列としている。この因子分析モデルによって，ブランド j の所属確率は，因子負荷量 Λ と因子得点 f_i から推定することができる。

因子の次元 Q は，ブランド j の所属確率を規定する競争市場構造におけるサブカテゴリーの次元となる。つまり，因子負荷量 Λ の

第 (j, p) 成分 λ_{jp} が高い値となるときには，ブランド j はサブカテゴリー p の影響によって所属確率が高まることが考察できるのである。

また，消費者 i が競争市場構造におけるどのサブカテゴリーからの影響を受けているかは，f_i によって明らかにすることができる。つまり，f_{ip} が高い値となるときには，消費者 i がサブカテゴリー p でマーケティング競争を展開している競合ブランドを，考慮集合を構成する選択代替案とする確率が高いことが考察できるのである。

消費者個人ごとに推定されるのは因子得点 f_i であり，消費者 i がブランド j について考慮集合を構成する選択代替案とする確率がここから規定される。この確率を規定する潜在変数は，以下のように表記することができる。

$$z_{ij}^* = \alpha_j + \lambda_{j1} f_{i1} + \cdots + \lambda_{jq} f_{iq} + \cdots + \lambda_{jQ} f_{iQ} + \varepsilon_{ij} \quad (5.7)$$

消費者 i ごとに，競争市場構造におけるサブカテゴリーとして Q 次元の因子得点が推定されるため，Q 次元の因子得点から潜在変数 z_{ij}^* を推定することで，ブランド j の所属確率が推定されるのである。ここで，$\phi(x \mid m, v^2)$ は，平均 m，分散 v^2 の正規分布の密度関数である。

$$P_i(j \in C_i) = \int_0^\infty \phi(x \mid \alpha_j + \lambda'_j f_i, 1) \, dx \quad (5.8)$$

通常の因子分析モデルにおいては，$f_i \sim N_Q(0, I_Q)$ という制約が必要になってくるが，ここでは，f_i を説明する構造を仮定するために，平均値については 0 ではないことを許容する事前分布を仮定する。ここでは，以下のような線形結合の構造を仮定する。

$$\begin{aligned} f_i &= \Delta w_i + \xi_i, \\ \xi_i &\sim N_Q(0, I_Q) \end{aligned} \quad (5.9)$$

w_i は消費者 i の性別や年齢に関する変数であり，この変数が消費者 i の因子得点 f_i を規定していくことになる。消費者 i の因子得点 f_i

を説明するために仮定される構造には，前章で詳述した消費者知識と消費者属性（性別と年齢）を考慮していく。

本節で定式化した階層因子分析モデルの推定には，マルコフ連鎖モンテカルロ（MCMC）法を用いている[10]。

▶ [分析結果1] ビール系飲料市場[11]
競争市場構造を構成するサブカテゴリー（ビール系飲料）

まずは，考慮集合を構成する選択代替案となりうる確率を規定するサブカテゴリーを明らかにしていく。つまり，最適な因子数を検討していくことになる。表5.4は，因子数を変化させたモデルの適合度を示したものである。ビール系飲料市場において，観測された考慮集合の変数Zの相関係数の固有値について，1を超えたものが5つあった。そこで，固有値が1を超えた因子数＋1次元までの因子分析モデルを推定し，対数周辺尤度とDIC（Deviance Information Criterion）を算出し，対数周辺尤度からベイズファクターを計算している[12]。

表5.4が示すように，最大6次元の因子分析モデルまで推定しているが，対数周辺尤度とDICについて，最も高い適合度を示したものは6次元の因子分析モデルであった。対数周辺尤度とDICを考慮すれば，6因子よりも多いほうが，より適合度が向上しそうである。実際に因子数＝7で推定しても，対数周辺尤度＝－10317.5，DIC＝26521.4となり，さらに高い適合度を示した。しかし，先述したように，ここでの目的は，競争市場構造の概況を明らかにするために，考慮集合を構成する選択代替案と因子（サブカテゴリー）との関係を明らかにすることであり，必要以上に因子数を増やしてしまっては，分析結果の考察を困難にするだけである。そこで，ここでは固有値が1を超えているかどうかを判断基準として，5次元の因子分析モデルを選択し，以降では5つのサブカテゴリーを仮定した分析結果について考察していきたい。

表5.5は，5次元の因子分析モデルから推定した因子負荷量Λの

表5.4 因子数と適合度:ビール系飲料

因子数	対数周辺尤度	ベイズファクター	DIC	固有値
1	−16090.0		33698.4	4.01
2	−14083.2	2006.7	30990.0	2.52
3	−12985.0	1098.2	29716.6	1.52
4	−12077.5	907.5	28683.0	1.49
5	−11212.0	865.5	27579.4	1.10
6	−10648.7	563.4	26575.4	0.95

表5.5 因子負荷量Λ:ビール系飲料

	因子1	因子2	因子3	因子4	因子5
淡麗グリーンラベル	1.02	−0.35	−0.04	0.22	0.19
アサヒオフ	**1.54**	**0.39**	−0.03	−0.10	0.32
黒ラベル	−0.13	−0.73	0.71	−0.31	−0.10
金のオフ	**1.53**	**0.36**	0.65	0.03	0.54
ザ・プレミアム・モルツ	−0.21	−0.63	0.09	**−2.14**	0.13
澄みきり	0.36	−0.12	0.46	−0.10	0.65
モルツ	−0.03	−0.54	0.45	−0.76	0.09
スタイルフリー	**1.73**	0.11	0.11	0.18	0.30
北海道 PREMIUM	0.30	−0.06	**1.93**	−0.25	0.58
ラガービール	−0.11	**−1.65**	0.11	−0.08	0.07
金麦	0.16	−0.01	0.21	−0.22	0.95
一番搾り	0.10	**−1.32**	0.14	−0.39	0.05
のどごし生	0.33	−0.47	−0.08	**0.36**	**1.27**
北海道生搾り	0.33	−0.34	**1.83**	−0.03	0.54
濃い味	0.88	0.05	0.48	−0.09	0.36
ヱビスビール	−0.24	−0.69	0.49	**−0.88**	**−0.17**
麦とホップ	0.11	0.02	0.69	−0.17	0.66
スーパードライ	−0.06	−0.42	−0.01	−0.11	0.11
ジョッキ生	0.17	−0.11	0.28	0.04	**1.27**
熟撰	0.26	−0.12	0.87	−0.63	0.05
クリアアサヒ	0.36	0.06	0.12	−0.01	0.76

事後平均値である。パラメータは回転済みサンプル(バリマックス回転)から算出しており,以降のパラメータも同様である。サブカテゴリーの考察に有効な数値は太字で示している。表5.5で示すように,ビール系飲料市場は,いくつかのサブカテゴリーから構成されていることがわかる。サブカテゴリーによっては,特定のブランドの所属確率が高くなっており,それ以外のブランドについては,

第5章 消費者の選択行動から競争を読み解く

その確率が低くなっている。

たとえば，因子2のサブカテゴリーは，「ラガービール」や「一番搾り」などコクのある伝統的なブランドが高い負の値を示している。一方で，「アサヒオフ」と「金のオフ」をはじめとしたカロリーオフ系の新ジャンルのブランドが高い正の値を示している。つまり，因子2のサブカテゴリーにおいては，高い正の値を示す因子得点（セグメント）の消費者iであれば，コクのある伝統的なブランドを選択代替案とする確率は低くなり，カロリーオフ系のライトな新しいブランドを選択代替案とする確率が高くなるのである。反対に，高い負の値を示す因子得点（セグメント）の消費者iであれば，コクのある伝統的なブランドを選択代替案とする確率は高くなり，カロリーオフ系のライトな新しいブランドを選択代替案とする確率が低くなるのである。

同様に，因子1のサブカテゴリーは，「アサヒオフ」と「金のオフ」そして「スタイルフリー」といったカロリーオフ系の発泡酒または新ジャンルのブランドが高い値を示している。因子3のサブカテゴリーは，「北海道 PREMIUM」と「北海道生搾り」といった「北海道」を訴求している発泡酒または新ジャンルのブランドが高い値を示している。因子4のサブカテゴリーでは，「のどごし生」が高い値を示し，反対に「ザ・プレミアム・モルツ」「ヱビスビール」などのプレミアムビールが非常に低い値を示している。因子5のサブカテゴリーは，「のどごし生」と「ジョッキ生」といった「生」であることを訴求している新ジャンルのブランドが高い値を示している。

各因子に基づくサブカテゴリーにおいて，各ブランドの所属確率については，因子得点f_i（セグメント）の消費者iごとに異なってくるのである。

消費者知識と消費者属性（ビール系飲料）

本節で提示した階層因子分析モデルでは，消費者iの因子得点f_i

表 5.6 因子得点の事前パラメータΔ：ビール系飲料

	因子1	因子2	因子3	因子4	因子5
切片	0.79	**1.26**	−0.07	0.28	**1.28**
性別	**0.26**	**0.18**	0.08	−0.09	0.10
年齢		**−0.32**	**−0.30**	−0.16	0.04	**−0.32**
主観的知識（SK）	<u>0.61</u>	0.30	**1.07**	−0.30	−0.08
客観的知識（OK）	0.20	**−0.68**	**1.02**	**−1.02**	<u>−0.60</u>
主観的知識（SK）×精通性（FM）	0.02	−0.59	−0.74	−0.64	−0.27
客観的知識（OK）×精通性（FM）	0.06	0.45	0.08	0.60	**1.60**

に事前構造として，消費者知識と消費者属性（性別と年齢）を仮定している。表5.6は，因子得点 f_i の事前パラメータの推定結果である。下線が引かれている値は10％HPD（Highest Posterior Density Interval；最高事後密度区間）が0を含まなかったものであり，太字になっている値は5％HPDが0を含まなかったものである[13]。

消費者 i の因子得点 f_i に消費者知識と消費者属性（性別と年齢）を事前構造として仮定することで，各サブカテゴリーにおける消費者の選択行動が明らかになってくる。まず，因子2のサブカテゴリーについて，ある消費者 i の因子得点 f_i が正の値であればカロリーオフ系の新ジャンルのブランドが，負の値ならばコクのある伝統的なビールブランドの所属確率が高くなる。これに影響を与える要因として，若年層の女性であれば，カロリーオフ系の新ジャンルのブランドを，中高年層の男性であれば，コクのある伝統的なブランドを選択代替案として考慮集合に含むことを検討する傾向が高いことがわかってくる。さらに，一般にビール系飲料市場に関する客観的知識が高い消費者ほど，コクのある伝統的なブランドを選択代替案として考慮集合に含むことを検討する傾向が高くなってくることもわかってくる。

同様に，因子1のサブカテゴリーについて，若年層の女性であるほど，カロリーオフ系の発泡酒または新ジャンルのブランドを検討する傾向が高くなる。因子3のサブカテゴリーについて，性別や年齢に関係なく，ビール系飲料市場に関する主観的知識と客観的知識

が高い消費者ほど,「北海道」を訴求している発泡酒または新ジャンルのブランドを検討する傾向が高くなる。因子4のサブカテゴリーについて,性別や年齢に関係なく,ビール系飲料市場に関する客観的知識が高い消費者ほど,プレミアムビールを検討する傾向が高くなる。最後に,因子5のサブカテゴリーについて,ビール系飲料の購買経験や使用経験が多く,ビール系飲料市場に関する主観的知識が高い若年層ほど,「生」であることを訴求している新ジャンルのブランドを検討する傾向が高くなる。

このように因子負荷量から競争市場構造におけるサブカテゴリーを特定するだけでなく,消費者iの因子得点f_iに事前構造として,消費者知識と消費者属性(性別と年齢)を仮定することで,競争市場構造をより深く理解することができるのである。

さらに,因子負荷量Λと消費者iの因子得点f_iの事前構造から,特定のセグメントにおいて各ブランドが考慮集合を構成する選択代替案となる確率を算出することができる。図5.1は,各ブランドが考慮集合を構成する選択代替案となる確率を性別で比較検討したものである。年齢は40歳,消費者知識については,主観的知識(SK)＝客観的知識(OK)＝精通性(FM)＝0.5としている。

図5.1に示すように,男性と女性で所属確率が異なる傾向のブランドがあることがわかる。とくに,女性がカロリーオフを訴求しているブランドを選択代替案としている確率が高いことがわかる。

図5.2は,各ブランドの所属確率を年齢別に考察したものである(性別は男性)。ここから,年齢層が高くなるほど所属確率が高くなるブランドと,年齢層が低くなるほど所属確率が高くなるブランドがあることがわかる。一般に,酒税法上の「ビール」に分類されるブランドは年齢層が高くなるほど考慮されやすくなり,カロリーオフを訴求するブランドは年齢層が低くなるほど考慮されやすくなる傾向があることがわかる。

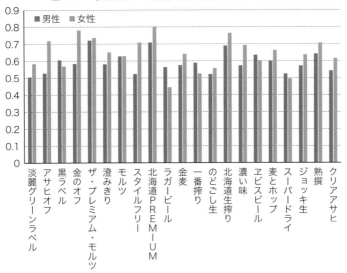

図5.1 考慮集合への所属確率（性別：ビール系飲料）

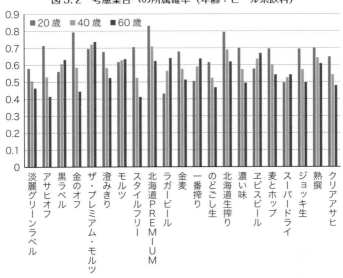

図5.2 考慮集合への所属確率（年齢：ビール系飲料）

▶ [分析結果2] チョコレート菓子市場[14]

競争市場構造を構成するサブカテゴリー（チョコレート菓子）

　ここからは，チョコレート菓子の競争市場構造の概況を考察していく。まずはビール系飲料と同様に，適切な因子数を決定し，サブカテゴリーを特定する必要がある。チョコレート菓子では，目的変数である考慮集合の観測結果の変数 Z の相関係数の固有値を推定したところ，1を超えた固有値が6つあった。そこで，固有値が1を超えた因子数+1次元までの因子分析モデルを推定し，対数周辺尤度と DIC を算出し，対数周辺尤度からベイズファクターを計算した（表5.7）。表5.7にも示すように，対数周辺尤度と DIC について，最も高い適合度を示したものは7次元の因子分析モデルであった。そこで，ビール系飲料と同様に，分析結果の考察を可能とするために，固有値が1を超えているかどうかを判断基準として，6次元の因子分析モデルを選択し，考察をしていきたい。

　表5.8は，6次元の因子分析モデルから推定した因子負荷量 Λ の事後平均値である。パラメータは回転済みサンプル（バリマックス回転）から算出しており，以降のパラメータも同様である。サブカテゴリーの考察に有効な数値は太字で示している。ビール系飲料市場と同様に，チョコレート菓子市場の競争市場構造も，いくつかのサブカテゴリーから構成されていることがわかる。

　因子1のサブカテゴリーでは，チョコレートの中にウェハースやパフが入っている「キットカット」や「クランキー」「小枝」などのブランドが高い正の値を示している。因子2のサブカテゴリーも同様に，チョコレートとビスケットから構成されている「アルフォート」や，チョコレートとラングドシャから構成されている「ホルン」をはじめとして，チョコレート+αで構成されているブランドが高い正の値を示している。因子3のサブカテゴリーでは，チョコレートのみから構成されている「ミルクチョコレート」や「ガーナ」「ダース」などのブランドが高い正の値を示している。因子4のサブカテゴリーでは，「手で溶けない」ことを訴求している「ベ

表5.7 因子数と適合度:チョコレート菓子

因子数	対数周辺尤度	ベイズファクター	DIC	固有値
1	−19556.4		−20381.4	4.45
2	−17818.8	1737.6	−19289.2	2.13
3	−16435.3	1383.4	−18400.3	1.61
4	−15295.2	1140.1	−17644.0	1.36
5	−14540.6	754.6	−17382.2	1.08
6	−13855.3	685.3	−16723.3	1.00
7	−13140.8	714.5	−16614.0	0.88

表5.8 因子負荷量Λ:チョコレート菓子

	因子1	因子2	因子3	因子4	因子5	因子6
ミルクチョコレート	0.05	−0.03	**1.87**	0.00	0.10	0.14
マカダミアチョコ	0.15	0.00	0.08	0.48	**1.47**	0.22
ホルン	0.17	**0.37**	0.04	**0.80**	0.19	0.44
たけのこの里	0.14	0.34	−0.06	0.30	0.10	**1.18**
きのこの山	0.03	0.11	0.05	0.09	0.20	**1.27**
ガルボミニ	−0.02	**0.36**	0.16	**1.81**	0.23	0.18
アーモンドチョコ	0.05	0.10	0.32	0.25	**1.57**	0.32
LOOK	0.30	−0.19	0.48	0.44	0.15	0.01
小枝	**0.58**	−0.03	0.14	0.28	**0.35**	0.48
ベイク	0.28	0.15	0.07	**1.66**	0.11	0.20
チョコボール	0.20	−0.22	0.12	0.28	0.25	0.47
ダース	0.25	0.09	**0.81**	0.49	0.11	0.08
パイの実	0.22	0.12	−0.14	0.08	−0.04	1.01
トッポ	0.28	0.16	0.01	0.17	0.06	0.80
コアラのマーチ	0.36	0.01	0.01	0.05	−0.05	**1.38**
クランキー	**0.89**	0.10	0.15	0.27	−0.03	0.33
ガーナ	0.18	0.06	**1.62**	0.12	0.22	−0.05
アルフォート	0.24	**0.94**	0.06	0.32	0.01	0.47
キットカット	**0.62**	0.15	0.20	0.04	0.15	0.39
ポッキー	0.15	−0.04	0.26	0.02	0.21	0.79
GABA	0.07	−0.17	0.24	0.67	0.23	−0.08

イク」「ホルン」「ガルボミニ」が高い正の値を示している。因子5のサブカテゴリーでは,ナッツがチョコレートでコーティングされている「マカダミアチョコ」と「アーモンドチョコ」といったブランドが高い正の値を示している。これら2つのブランドは,セットで訴求されることがほとんどであり,店頭の商品棚でも同位置に陳列されていることから,1つのサブカテゴリーを形成していると考

えられる。因子6のサブカテゴリーも同様の理由で,「きのこの山」と「たけのこの里」が高い正の値を示している。ただし,因子6のサブカテゴリーでは,これら2つのブランドに加えて,「コアラのマーチ」も高い正の値を示している。これら3つのブランドは他ブランドと比較して,チョコレートに対して比較的スナックの構成割合が高いブランドであるため,1つのサブカテゴリーを形成していると考えられる。各因子に基づくサブカテゴリーにおいて,各ブランドが考慮集合を構成する選択代替案となる確率(所属確率)については,ビール系飲料市場と同様に消費者 i の因子得点 f_i(セグメント)によって異なってくる。

消費者知識と消費者属性(チョコレート菓子)

表5.9は,因子得点 f_i の事前パラメータの推定結果である。太字になっている値は5%HPDが0を含まなかったものである。まず,因子1と因子2のサブカテゴリーについて,消費者の選択行動と消費者特性との関係を明らかにしていきたい。表5.8では因子1のサブカテゴリーでは,「キットカット」や「クランキー」「小枝」が,因子2のサブカテゴリーでは,「アルフォート」や「ホルン」が高い正の値を示している。この2つのサブカテゴリーは,チョコレート+αのチョコレート菓子から構成されており,異なったサブカテゴリーであることを把握することは難しい。しかし,表5.9に示すように,消費者 i の因子得点 f_i(セグメント)の事前構造が異なっていることがわかる。因子1のサブカテゴリーでは,チョコレート菓子市場に関する客観的知識が高い男性のほうが,チョコレート+αを選択代替案として考慮集合に含む傾向が高くなり,因子2のサブカテゴリーでは,若年層の女性のほうが,チョコレート+αを考慮する傾向が高くなっているようである。このようにブランドだけでは識別が難しい競争市場構造でも,消費者の選択行動と消費者特性との関係を明らかにしていくことで,サブカテゴリーの違いを理解することができる。

表5.9 因子得点の事前パラメータΔ：チョコレート菓子

	因子1	因子2	因子3	因子4	因子5	因子6
切片	0.12	**2.36**	**−2.23**	1.26	**−3.15**	**3.35**
性別	**−0.29**	**0.43**	−0.12	**0.37**	−0.16	0.12
年齢	−0.02	**−0.91**	**0.61**	**−0.65**	**0.87**	**−1.11**
主観的知識（SK）	−0.33	0.14	0.33	0.02	−0.38	−0.40
客観的知識（OK）	**0.64**	0.43	0.14	**0.58**	0.01	**0.96**
主観的知識（SK）×精通性（FM）	0.73	0.33	0.17	0.68	0.71	**1.13**
客観的知識（OK）×精通性（FM）	−0.18	0.18	0.65	0.17	0.50	−0.22

同様に，因子3のサブカテゴリーでは，性別に関係なく中高年層のほうが，チョコレートのみを使用している「ミルクチョコレート」や「ガーナ」「ダース」などのブランドを選択代替案として考慮集合に含む傾向が高くなる。因子4のサブカテゴリーでは，チョコレート菓子市場に関する客観的知識が高い若年層の女性のほうが，「手で溶けない」ことを訴求している「ベイク」や「ガルボミニ」などのブランドを選択代替案として考慮集合に含む傾向が高くなる。因子5のサブカテゴリーでは，性別に関係なく中高年層のほうが，「マカダミアチョコ」と「アーモンドチョコ」を選択代替案として考慮集合に含む傾向が高い。そして，因子6のサブカテゴリーでは，同様に，性別に関係なくチョコレート菓子市場に関する消費者知識が高い若年層のほうが，「きのこの山」と「たけのこの里」，そして「コアラのマーチ」を選択代替案として考慮集合に含む傾向が高い。

チョコレート菓子市場については，とくに年齢によってサブカテゴリーが異なってくる傾向が強いことがわかる。因子1のサブカテゴリー以外は，すべて年齢に関する考察が必要となってくる。反対に，ビール系飲料市場のように，消費者知識や性別によってサブカテゴリーが構成されている傾向はあまり考察されなかった。

チョコレート菓子においても，因子負荷量Λと消費者iの因子得点f_iの事前構造から，特定のセグメントにおいて各ブランドが考慮集合を構成する選択代替案となる所属確率を算出することができる。図5.3では性別，図5.4では年齢別によって各ブランドの所属確率

が異なってくることを示している。

　まず，図5.3に示すように，「アルフォート」「ベイク」「ガルボミニ」「たけのこの里」については，性別によって所属確率が大きく異なってくることがわかる。これらのブランドに対して，女性は所属確率が高くなるが，男性は低い傾向にある。反対に，男性は「ミルクチョコレート」や「ガーナ」に対して，所属確率が高くなるが，いずれのブランドも女性と比較して大きく異なってくるわけではない。

　図5.4は，各ブランドの所属確率を年齢別に考察したものである。性別は女性，SK＝OK＝FM＝0.5である。先述したように，チョコレート菓子市場は，年齢層によって各ブランドの所属確率が大きく異なってくる。むしろ，年齢層によって所属確率があまり変わらないブランドは，「ダース」「チョコボール」「GABA」など，ごく一部のブランドのみである。

　図5.3と図5.4に加えて，消費者知識（主観的知識，客観的知識，精通性）について，「アルフォート」と「コアラのマーチ」の所属確率を試算したものが図5.5である。図5.5の上図2つは，横軸が専門知識力のうち主観的知識で，縦軸が精通性である。そして，当該ブランドの所属確率を等高線図で示したものである。下図2つは，横軸が専門知識力のうち客観的知識で，縦軸を精通性とした等高線図である。ここでは，一例として「アルフォート」と「コアラのマーチ」の2ブランドについて考察をしてみよう。

　全体的な傾向として，専門知識力と精通性が高くなると，ブランドが考慮集合を構成する選択代替案となる確率が高くなっていくが，専門知識力と精通性の間には相互作用がはたらくため，必ずしも線形ではない。図5.5の左下図に示すように，「アルフォート」については客観的知識と精通性の間には相互作用があまりはたらいていないため，等高線は直線となっているが，左上図では，主観的知識と精通性の間に強い相互作用がはたらいていることがわかる。つまり，チョコレート菓子の購買経験や使用経験がいくら豊富でも，チ

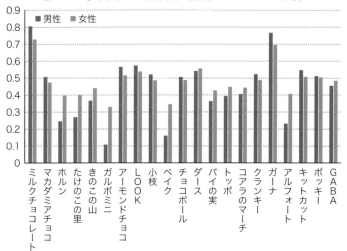

図5.3 考慮集合への所属確率（性別：チョコレート菓子）

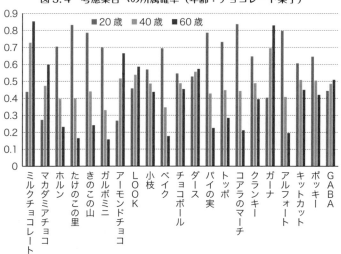

図5.4 考慮集合への所属確率（年齢：チョコレート菓子）

第5章 消費者の選択行動から競争を読み解く

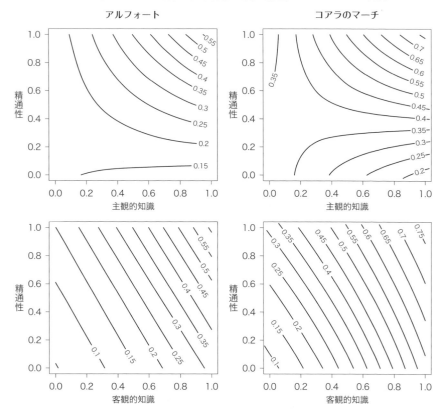

図5.5 考慮集合への所属確率（専門知識力×精通性：チョコレート菓子）

（注） 消費者属性：女性40歳。

ョコレート菓子市場に関する主観的知識が高くなければ、「アルフォート」が考慮集合を構成する選択代替案とはならないということである。また、チョコレート菓子市場に関する主観的知識が高ければ、チョコレート菓子の購買経験や使用経験（精通性）の豊富さに応じて「アルフォート」が考慮集合を構成する選択代替案となる確率は高くなっていくが、チョコレート菓子の購買経験や使用経験（精通性）があまりにもなければ、反対にチョコレート菓子市場に関する主観的知識が低いときよりも、「コアラのマーチ」が考慮集合

を構成する選択代替案となる確率が低くなってしまうのである。
「アルフォート」についても，類似した傾向を図5.5の左上図で確認することができる。

3 まとめ——考慮集合と消費者選択行動

本章では，マーケティング競争に潜む競争コンテクスト効果を明らかにするために，考慮集合という観点から，本書の調査対象となる2つの競争市場構造（ビール系飲料とチョコレート菓子）について，2つの事前分析を行ってきた。

1つは，消費者選択行動がどのように競争市場構造を規定するのかを明らかにするために，二項回帰分析を用いて，考慮集合と消費者選択行動と購買行動の関係性について事前分析を行った。その結果，本書の調査対象となるビール系飲料，チョコレート菓子ともに，考慮集合サイズに対して消費者選択行動性向が影響を及ぼしており，ブランド・ロイヤルティによる消費者選択行動性向が強ければ，考慮集合のサイズを小さくする傾向があり，バラエティ・シーキングによる消費者選択行動性向が強ければ，考慮集合のサイズが大きくなることがわかった。また，消費者購買行動性向（価格感度，広告感度）と精通性は，いずれも考慮集合サイズを大きくする要因となることもわかった。

もう1つは，競争市場構造の概況を明らかにするために，離散選択モデルを拡張した階層因子分析モデルを用いて，考慮集合を構成する選択代替案（ブランド）と消費者知識，消費者属性との関係性について事前分析を行った。ここでは，競争市場構造を把握するためによく利用される因子分析モデルを起点に，離散型の目的変数をもつ選択モデルを階層因子分析モデルにまで拡張したことで，21ブランドそれぞれが考慮集合を構成する選択代替案となる確率を推定することを可能にした。また，推定される消費者iの因子得点f_i（セグメント）に消費者知識と消費者属性（性別と年齢）の事前構造を

仮定することによって，競争市場構造におけるサブカテゴリーへの深い洞察を加えることができた。さらに，各ブランドが考慮集合を構成する選択代替案となる確率を推定する際に，因子分析モデルを起点とすることで，各サブカテゴリーから構成される競争市場構造という視座から考察している。このことは，競争市場構造を構成する各ブランドがどのような競争次元でマーケティング競争を展開しているかを把握することを可能としており，第2章で改善点として提示したブランド間に個別の関係性を明らかにするうえで，より本質的な競争市場構造への考察を行うことができている。

　本書で調査対象となる競争市場構造（ビール系飲料とチョコレート菓子）について，十分な考察を加えることができたところで，次章では，いよいよ本書の主眼となる消費者選択行動という，マーケティング競争に潜む競争コンテクスト効果を明らかにするための実証分析に入っていきたい。

第6章

一時点の競争に潜むチャンスをつかまえる

同時決定的な消費者選択行動における競争コンテクスト効果

▶ はじめに

　本章では，同時決定的な消費者選択行動という「競争の瞬間」に潜む競争コンテクスト効果を検証するために，消費者が直面する一時点の選択機会におけるマーケティング競争に注目する。前章では，本書の分析対象となるビール系飲料とチョコレート菓子の考慮集合に注目し，考慮集合のサイズと消費者選択・購買行動性向の関係性を検証し，考慮集合を構成する選択代替案となる確率を推定する2つの事前分析を行った。本章の目的は，一時点の選択機会における同時決定的な消費者選択行動に潜む競争コンテクスト効果を検証することであり，言い換えれば，考慮集合に含まれるブランドの間に存在する個別の「競争の瞬間」に潜む競争コンテクスト効果を検証するということである。

1　同時決定的な消費者選択行動

▶ モ デ ル

　以下では，同時決定的な消費者選択行動に潜む競争コンテクスト効果を検討するモデルを定義していく。まず，消費者iのブランドjに対する選好をu_{ij}とする。u_{ij}は連続的な値をとると仮定する。そして，考慮集合C_iを所与とし，C_iにブランドjが含まれるとき，ブランドjに対する選択確率を以下のように定義する[1]。

$$P_i(j \mid C_i) = \frac{\exp(u_{ij})}{\displaystyle\sum_{k \in C_i} \exp(u_{ik})} \quad (6.1)$$

　ただし，C_jにブランドjが含まれないときは選択確率は0になる。ここで，消費者iのブランドjに対する選好u_{ij}は，考慮集合C_iに含まれているブランドの潜在的影響（競争コンテクスト効果）を考慮して，以下のように定義する。ただし，この選好は消費者iがブランドjを，考慮集合を構成する選択代替案としているときのみ定義される。以下，ブランドjを考慮集合を構成する選択代替案として

いる消費者の集合を N_j とおく.

$$u_{ij} = x_i'\beta_j + \sum_{\substack{k \in C_i \\ k \neq j}} \alpha_{j \mid k} + \varepsilon_{ij},$$

$$\varepsilon_{ij} \sim N(0, \sigma_j^2), \quad if \quad i \in N_j$$

(6.2)

このモデルでは,消費者 i のブランド j に対する選好 u_{ij} が,以下2つの要因によって規定されていると仮定している.1つは消費者知識と消費者属性 $x_i'\beta_j$ である.x_i は消費者 i の主観的知識,客観的知識,そして精通性に加えて,性別と年齢に関する変数であり,β_j はその影響の大きさを規定するパラメータである.もう1つは,競争コンテクスト効果 $\sum_{k \in C_i, k \neq j} \alpha_{j \mid k}$ である.一般的な確率的選択モデルでは,先述した変数を中心として分析と考察が行われるが,本書では,これに加えて考慮集合 C_i に含まれているブランドの潜在的影響(競争コンテクスト効果)を仮定する.

$\alpha_{j \mid k}$ は,ブランド k がブランド j の選好に与える競争コンテクスト効果を規定するパラメータである.ただし,ブランド k が消費者 i の考慮集合 C_i を構成する選択代替案となっていなければ,$k \notin C_i$ となるため,ブランド k がブランド J の選好に与える競争コンテクスト効果は存在しない.$\alpha_{j \mid k}$ の解釈について,正の値であれば,ブランド k が消費者 i の考慮集合 C_i を構成する選択代替案となることで,ブランド j に対する選好に潜在的に好ましい影響を与えるということである.反対に,負の値であれば,ブランド k が消費者 i の考慮集合 C_i を構成する選択代替案となることで,ブランド j に対する選好に潜在的に好ましくない影響を与えるということである.このような競争コンテクスト効果は非対称であることが想定され,たとえば $\alpha_{j \mid k}$ は正の値であると推定されたとしても,$\alpha_{k \mid j}$ も正の値であると推定されるとは限らない.

さらに,競争コンテクスト効果 $\alpha_{j \mid k}$ の事前分布として,ブランド間に存在する個別の関係性を説明するために,以下のような構造を仮定する.

$$\begin{aligned}\alpha_{j\mid k} &= \phi_j + \psi_k + \zeta_{j\mid k},\\ \zeta_{j\mid k} &\sim N_L(0, v^2)\end{aligned} \quad (6.3)$$

ϕ_j は，マーケティング競争に対するブランド j の「感受性」を示す。ϕ_j が正の値のときは，一般に競争コンテクスト効果 $\alpha_{j\mid k}$ は高くなる傾向にあると言える。つまり，消費者 i のブランド j に対する選好 u_{ij} について，他のブランドとともに考慮集合 C_i に含まれている競争的環境下では，これが高くなる傾向にあることを示している。反対に，ϕ_j が負の値と推定されれば，競争的環境下では消費者 i のブランド j に対する選好 u_{ij} が低くなる傾向にあることを示している。このように，「感受性」は，競争市場構造分析に関する先行研究[2] で提示されている脆弱性（vulnerability）に相当する概念である。

ψ_k は，マーケティング競争に対するブランド k の「影響力」を示す。つまり，ブランド j に加えてブランド k が消費者 i の考慮集合 C_i を構成する選択代替案となったとき，ψ_k が正の値であれば，ブランド k の存在は，ブランド j に対する消費者 i の選好 u_{ij} を高めることを示している。反対に，ψ_k が負の値であれば，ブランド k の存在により，消費者 i の選好 u_{ij} が下がることを示している。このように，「影響力」は，先述した競争市場構造分析に関する先行研究で提示されている攻撃力（clout）に相当する概念である[3]。

▶ データの概要と対立モデル

前項で提案したモデルに適用させていくデータは，第 4 章で詳述した調査 B（ビール系飲料）と調査 C（チョコレート菓子）に関するものである。詳細な調査対象とリサーチ・デザイン，そして測定項目については，第 4 章を参照されたい。

また，前項で提案したモデルの適合度を検討するために，対立モデルを推定し，結果を比較する。対立モデルは 2 種類用意している。1 つは，競争コンテクスト効果のみを含むモデルである（対立モデ

ル1)。もう1つは，消費者知識と消費者属性のみを含むモデルである（対立モデル2）。つまり，競争コンテクスト効果が存在しなければ，提案モデルは対立モデル2つに対して適合度の向上が確認できないことになる。これらの対立モデルも含めて，モデルは階層構造をもつため，マルコフ連鎖モンテカルロ（MCMC）法によって推定していく[4]。

2 [分析結果1] ビール系飲料市場

▶ モデル比較

まずはモデルの全体的な適合度を検証する。表6.1は，提案モデルと2つの対立モデルについて算出した対数周辺尤度，対数周辺尤度の差で定義される対数ベイズファクター（BF），DIC（Deviance Information Criterion）の結果である[5]。対数BFについては，対立モデル1の行の数値は，提案モデルと対立モデル1との間で算出したものであり，同様に，対立モデル2の行の数値は，提案モデルと対立モデル2との間で算出したものである。

表6.1で示されているように，いずれの指標も提案モデルが最も優れた適合度となった。対立モデル2と比較しても，提案モデルの適合度が優れているということは，当該ブランドの選好には，考慮集合を構成する他の選択代替案（ブランド）の潜在的影響（競争コンテクスト効果）が考えられるということである。

次項では，提案モデルによる分析結果について検討していく。

表6.1 モデル比較：ビール系飲料

	消費者知識 消費者属性	競争コンテクスト効果	対数周辺尤度	対数BF	DIC
対立モデル1	×	○	−59424.4	2249.6	119079.8
対立モデル2	○	×	−57465.2	290.4	115439.0
提案モデル	○	○	−57174.8	−	114980.6

▶ **消費者知識と消費者属性**

表6.2は、各ブランドについて推定された消費者知識と消費者属性の影響に関するパラメータ β_j についてまとめたものである。表中の数値は事後平均値である。太字になっている数値は5%HPDが0を含まなかったもの、下線が引いてある数値は10%HPDが0を含まなかったものである。HPDを見ていくことで分布の偏りを検討することができる。ここから、推定されたパラメータが正（負）である傾向の強さがわかる。あるパラメータの事後平均値が正であり、5%HPDが0を含まないということは、そのパラメータが正である傾向が強いことを示している。

各ブランド選好への影響の違いは、まず消費者属性（性別と年齢）から確認することができる。たとえば、「淡麗グリーンラベル」「金のオフ」「スタイルフリー」「北海道PREMIUM」「濃い味」「クリアアサヒ」などの発泡酒または新ジャンルのビール系飲料で、低カロリーを訴求しているブランドは、とくに女性に好まれる傾向にあることがわかる。一方で、男性に好まれる傾向にあるブランドは「ラガービール」であり、とくに中高年層にも好まれる傾向があることがわかる。

ここで、年齢に注目してみると、「ラガービール」のほかにも「モルツ」「一番搾り」「のどごし生」「ヱビスビール」「スーパードライ」が中高年層の消費者に好まれる傾向にあり、いわゆる酒税法上のビールに分類されるブランドが多いことがわかる。「のどごし生」だけについては、新ジャンルに分類されるブランドであるが、唯一、新ジャンルのブランドとして中高年層に好まれる傾向にあるという点で差別化が図れている。また、ビールに分類されるブランドでは、「熟撰」だけが若年層の消費者に好まれる傾向が高くなっている。「熟撰」は、いわゆるプレミアムビールに分類されるブランドであるが、コンビニエンス・ストアなどへの流通よりも、主に飲食店への流通が普及している。そのため、ビールに分類される他ブランドとは異なったブランド選好を形成していることが考えられ

表6.2 消費者知識と消費者属性のパラメータ β_j：ビール系飲料

	切片	性別	年齢	SK	OK	SK×FM	OK×FM
淡麗グリーンラベル	4.36	0.24	−0.20	−0.03	0.49	1.01	−0.70
アサヒオフ	3.04	0.10	0.14	−0.20	0.37	0.74	−0.87
黒ラベル	2.92	−0.07	0.21	0.32	0.65	0.42	0.03
金のオフ	3.49	0.16	−0.02	0.12	0.36	0.43	−0.77
ザ・プレミアム・モルツ	3.89	0.10	0.04	0.40	0.62	0.56	0.19
澄みきり	3.42	0.11	0.00	0.07	0.35	0.39	−0.07
モルツ	2.77	−0.09	0.26	0.20	0.29	0.38	−0.29
スタイルフリー	3.65	0.17	−0.03	−0.33	0.49	0.89	−0.95
北海道 PREMIUM	3.48	0.13	0.04	−0.16	0.31	0.45	−0.24
ラガービール	2.67	−0.11	0.47	−0.28	−0.17	0.94	0.13
金麦	4.38	0.01	−0.11	−0.23	−0.06	0.76	0.18
一番搾り	3.05	0.02	0.29	0.25	0.35	0.60	0.42
のどごし生	3.40	0.06	0.22	−0.06	−0.51	0.04	0.19
北海道生搾り	3.55	0.08	0.05	0.00	0.07	0.46	−0.36
濃い味	3.22	0.11	0.07	−0.20	0.18	0.78	−0.44
ヱビスビール	3.17	0.03	0.33	−0.20	0.57	0.95	−0.18
麦とホップ	3.31	0.06	0.05	0.16	0.22	0.23	0.01
スーパードライ	3.01	0.01	0.53	−0.07	−0.32	0.46	0.83
ジョッキ生	3.45	−0.03	0.15	−0.56	−0.34	0.47	−0.25
熟撰	4.15	0.00	−0.20	0.68	0.03	−0.31	0.24
クリアアサヒ	3.91	0.18	−0.04	−0.22	−0.03	0.62	0.01

（注）SK：主観的知識，OK：客観的知識，FM：精通性である。FM×SK および OK×FM は交互作用項を示す。また，性別は女性＝1，男性＝0 である。

る。

　次に，各ブランドの選好に対する消費者知識の影響を確認してみると，製品カテゴリーに関する正確な情報である客観的知識（OK）が高い消費者に好まれる傾向にあるブランドは「黒ラベル」「ザ・プレミアム・モルツ」「ヱビスビール」であり，いずれも酒税法上のビールに分類されるブランドであり，後者2ブランドについては，いわゆるプレミアムビールに分類されるブランドである。つまり，ビール系飲料に関する正確な情報を理解してもらえれば，プレミアムビールへの選好が向上することがわかる。一方，製品カテゴリーに関連した経験に付随する主観的知識（SK）が高い消費者に好まれる傾向にあるブランドは「熟撰」であった。こちらについても先述

した考察と同様に,「熟撰」の差別化された流通戦略がブランド選好に影響を及ぼしていることが考えられる。

また,これら消費者知識を構成する専門知識力と,製品カテゴリーにおける購買経験数や使用経験数に付随する精通性(FM)との交互作用についても考察を加えると,ビール系飲料を頻繁に購買したり飲んだりする客観的知識が高い消費者は,「スーパードライ」を好む傾向にある。同様にビール系飲料を頻繁に購買したり飲んだりする主観的知識(SK)が高い消費者は,酒税法上の分類にとらわれず,味にコクがあるプレミアムビールの「ヱビスビール」,ビールの「ラガービール」,新ジャンルの「濃い味」を好む傾向にある。ただし,発泡酒に分類されるブランドに限っては,低カロリーを訴求したライトな味わいである「淡麗グリーンラベル」と「スタイルフリー」を好む傾向にあることが興味深い。

▶ **競争コンテクスト効果**

次に,競争コンテクスト効果について考察していきたい。まずは,ブランド j とブランド k のマーケティング競争によって規定されるパラメータ $\alpha_{j|k}$ に注目していきたい。$\alpha_{j|k}$ は合計 420 のパラメータから構成されている。$\alpha_{j|k}$ が正の値を示しているのであれば,ブランド k が考慮集合を構成する選択代替案となることで,ブランド j に対する選好が向上することを示す。つまり,ブランド k との競争が,ブランド j にとっては好ましい競争コンテクスト効果となっており,ブランド j のマーケターにとって,ブランド k は積極的に競争すべきマーケティング戦略資源なのである。

それでは,まず,競争コンテクスト効果の対称性を検討していきたい。全 420 のパラメータについて,事後平均値を計算し,パラメータ $\alpha_{j|k}$ と $\alpha_{k|j}$ について符号が一致している対称的な競争コンテクスト効果が確認できる関係は,合計 210 ペア中 166 ペア (79.0%) であった。つまり,多くの関係においては,$\alpha_{j|k}$ が正(負)の値を示しているならば,$\alpha_{k|j}$ も正(負)の値を示しているということで

ある。$\alpha_{j|k}$と$\alpha_{k|j}$がともに負の値であるペアは，双方のブランドにとって競合ブランドが好ましくない競争コンテクスト効果を与えていることになり，できるだけ同時に検討されるブランドとならないように，競争を回避すべきマーケティング戦略を考えなければならない。しかし，$\alpha_{j|k}$と$\alpha_{k|j}$がともに正の値であるペアは，双方のブランドにとって競合ブランドが好ましい競争コンテクスト効果を与えていることになり，できるだけ同時に検討されるブランドとなるように，競争を享受すべきマーケティング戦略を考えていくべきであろう。

そして，最も注目すべきは，符号が不一致する残り2割程度の競争関係である。つまり，一方が正（負）の値を示しているのであれば，もう一方は負（正）の値を示しているという非対称な競争コンテクスト効果が潜んでいるマーケティング競争である。$\alpha_{j|k}$が正で$\alpha_{k|j}$が負の値であるとき，ブランドkがマーケティング戦略資源として，ブランドjに好ましい競争コンテクスト効果を与えている一方で，同時にブランドjが競合ブランドkに対して好ましくない競争コンテクスト効果を与えていることを示していることになり，ブランドjに対する選択確率そのものが向上する可能性が高く，ブランドjにとって非常に好ましい享受すべきマーケティング競争となる。反対に，ブランドkにとっては，ブランドjとは可能な限り同じ考慮集合を構成する選択代替案とならないように，競争を回避すべきマーケティング戦略を考えなければならないということである。

次に，ブランドjとブランドkの競争関係において，とくに強い競争コンテクスト効果が確認されたパラメータの割合に注目していきたい。表6.3は，そのパラメータ数をまとめたものである。全420のパラメータについて，それぞれ HPD を計算し，10%，5%，1%の水準で，正か負の値を示したパラメータ数とその割合を示している。表6.3が示すように，全体的に好ましい競争コンテクスト効果をもたらす関係が多いことがわかる。正の値を示した競争関係は合計135（32.1%）パラメータであるのに対して，負の値を示した

表6.3 強い競争コンテクスト効果が潜む競争関係：ビール系飲料

水準	競争関係（数）	割合（%）
1% 負	19	4.5%
5% 負	19	4.5%
10% 負	5	1.2%
10% 正	21	5.0%
5% 正	30	7.1%
1% 正	84	20.0%

（注）HPD 基準。

競争関係は合計 43（10.2%）パラメータであった。つまり，考慮集合を構成するブランドが多いほど，各ブランドに対する選好は向上する傾向にある。しかし，あくまで消費者のブランド選好に関する競争コンテクスト効果であるため，相対的なブランド選好から算出される選択確率を考えると，対称的な正の値を示す競争関係よりも，非対称な正と負の値を示す競争関係のほうがより好ましいであろう。このことについては，第4節で改めて検討していきたい。

ここでもう1つ考えなければばらないことが，競争に対する当該ブランドの感受性と影響力である。先述したように，競争コンテクスト効果 $\alpha_{j|k}$ には事前構造として ϕ_j と ψ_k を仮定しており，ここから各ブランドの競争に対する感受性と影響力を把握することができる。

競争に対する感受性とは，競合ブランドが考慮集合を構成する選択代替案となることで，当該ブランドに対する選好に与える影響のことであり，その値が小さければ，競合ブランドが考慮集合を構成する選択代替案となることで，当該ブランドに対する選好が低下する傾向が高いことを示している。反対に，その値が大きければ，競合ブランドが考慮集合を構成する選択代替案となることで，当該ブランドに対する選好が向上する傾向が高いことを示す。つまり，その値が小さいほど，競争に対して当該ブランドは「脆弱である」ということである。

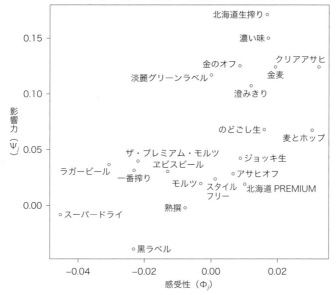

図6.1 競争に対する感受性と影響力：ビール系飲料

また競争に対する影響力とは，当該ブランドが考慮集合を構成する選択代替案となることで，競合ブランドの選好に及ぼす影響のことであり，その値が小さければ，当該ブランドが考慮集合を構成する選択代替案となることで，競合ブランドに対する選好を低下させる傾向が高いことを示している。反対に，その値が大きければ，当該ブランドが考慮集合を構成する選択代替案となることで，競合ブランドに対する選好を向上させる傾向が高いことを示す。つまり，その値が小さいほど，競争に対して当該ブランドは「攻撃的である」ということである。

図6.1は，各ブランドの感受性と影響力をプロットしたものである。左側にあるブランドほど，競争に対して「脆弱」であり，下側にあるブランドほど競争に対して「攻撃的」であることを示している。図6.1からもわかるように，競争に対するブランドの感受性と影響力の間には正の相関関係がある（$r=0.66$）。つまり，競合ブラ

ンドに対する選好を低下させるブランドは，競合ブランドによって当該ブランドに対する選好も低下させられる傾向にあるということである。

図6.1の左下には，酒税法上のビールに分類されるブランドが多く，右上には発泡酒や新ジャンルに分類されるブランドが多いことがわかる。つまり，発泡酒や新ジャンルのブランドは，競争に対して好ましい影響を与え，同時に受けている。すなわち，競合ブランドとともに考慮集合を構成する選択代替案となることで，当該ブランドに対する選好は向上するが，競合ブランドに対しても選好を向上させてしまうブランドなのである。反対に，ビールに分類されるブランドは，競合ブランドとともに考慮集合を構成する選択代替案となることで，当該ブランドに対する選好が低下してしまうが，競合ブランドに対する選好も低下させてしまうブランドである。

まとめると，競争をマーケティング戦略資源として積極的に享受することができるのは，図6.1の右または下にあるブランドであるといえる。「麦とホップ」や「クリアアサヒ」をはじめとする，右に布置されるブランドは，競合ブランドとともに考慮されれば，当該ブランドに対する選好を向上させることができる。また，下に布置されている「黒ラベル」や「スーパードライ」は，競合ブランドの選好を低下させることができるブランドなのである。

3 ［分析結果2］チョコレート菓子市場

▶ モデル比較

本節では，ビール系飲料と同様に，チョコレート菓子についての分析結果を考察していく。まずはモデルの全体的な適合度を検証する。表6.4は，提案モデルとビール系飲料と同様の2つの対立モデルについて算出した適合度指標の結果である。

表6.4に示されているように，いずれの指標も提案モデルが最も

表 6.4　モデル比較：チョコレート菓子

	消費者知識 消費者属性	競争コンテ クスト効果	対数周辺尤度	対数 BF	DIC
対立モデル 1	○	×	−58339.0	2282.4	116940.0
対立モデル 2	×	○	−56620.9	564.2	113765.4
提案モデル	○	○	−56056.6	-	112759.4

優れた適合度となったので，提案モデルによる分析結果について検討していきたい。

▶ **消費者知識と消費者属性**

表 6.5 は，各ブランドについて推定された消費者知識と消費者属性の影響に関するパラメータ β_j についてまとめたものである。表中の数値は事後平均値である。太字になっている数値は 5%HPD が 0 を含まなかったもの，下線が引いてある数値は 10%HPD が 0 を含まなかったものである。

ここで，年齢に注目してみると，「アルフォート」「ベイク」「コアラのマーチ」「ガルボミニ」「たけのこの里」「パイの実」「トッポ」が若年層の消費者に好まれる傾向にあり，「ミルクチョコレート」「LOOK」「マカダミアチョコ」「アーモンドチョコ」「ガーナ」「GABA」は中高年層の消費者に好まれる傾向が高いことがわかる。

次に，各ブランドの選好に対する消費者知識の影響を確認してみると，製品カテゴリーに関する正確な情報である客観的知識（OK）が高い消費者に好まれる傾向にあるブランドは「チョコボール」「パイの実」「小枝」であり，チョコレート菓子に分類されるブランド，あるいはチョコレートに分類されるが，パフやアーモンドを含むチョコレート菓子に近いブランドである。つまり，チョコレート菓子に関する正確な情報を理解してもらえれば，チョコレート菓子に分類されるブランドへの選好が向上することがわかる。一方，製品カテゴリーに関連した経験に付随する主観的知識（SK）が高い消費者に好まれる傾向にあるブランドはとくになかった。

表6.5 消費者知識と消費者属性のパラメータ β_j：チョコレート菓子

	切片	性別	年齢	SK	OK	SK×FM	OK×FM
キットカット	**4.33**	0.07	0.12	0.04	0.29	0.64	0.13
アルフォート	**6.44**	**0.30**	−**0.63**	0.19	0.21	0.60	0.22
ミルクチョコレート	**3.17**	−0.05	**0.32**	0.28	0.20	0.45	0.19
クランキー	**3.95**	0.00	0.08	−0.30	<u>0.44</u>	0.74	−0.05
LOOK	**1.96**	−0.01	**0.58**	−0.16	0.34	0.74	−0.14
ポッキー	**4.51**	0.06	−0.09	0.23	0.25	0.43	0.12
ダース	**4.68**	**0.16**	<u>−0.18</u>	0.27	−0.15	0.26	**0.78**
ベイク	**5.02**	**0.11**	−**0.40**	0.36	0.24	0.47	−0.06
ホルン	**3.81**	**0.13**	−0.08	0.03	0.24	**0.86**	0.03
チョコボール	**4.05**	−0.05	−0.07	−0.04	**0.52**	<u>0.69</u>	−0.18
マカダミアチョコ	**3.00**	0.07	**0.34**	−0.15	0.13	**0.87**	0.40
コアラのマーチ	**5.52**	−0.07	−**0.42**	0.31	0.13	0.39	−0.43
きのこの山	**4.00**	−0.06	0.01	−0.08	0.25	**0.94**	0.08
アーモンドチョコ	**2.25**	−0.05	**0.62**	−0.12	−0.01	**0.81**	0.51
ガーナ	**2.31**	0.09	**0.49**	0.19	0.10	**0.80**	0.45
ガルボミニ	**5.04**	**0.18**	−**0.37**	0.10	0.35	**0.83**	−0.10
たけのこの里	**6.46**	**0.17**	−**0.65**	−0.23	0.52	0.60	0.34
パイの実	**6.21**	−0.01	−**0.58**	0.07	**0.30**	0.40	0.00
GABA	**2.78**	0.06	**0.28**	0.18	0.10	0.60	−0.28
小枝	**3.24**	0.08	<u>0.17</u>	0.20	**0.52**	0.44	0.01
トッポ	**5.51**	0.06	−**0.43**	0.29	0.17	0.30	0.09

（注）SK：主観的知識，OK：客観的知識，FM：精通性である。FM×SK および OK×FM は交互作用項を示す。また，性別は女性=1，男性=0 である。

また，これら消費者知識を構成する専門知識力と，製品カテゴリーにおける購買経験数や使用経験数に付随する精通性（FM）との交互作用についても考察を加えると，チョコレート菓子を頻繁に購買したり食べたりする客観的知識（OK）が高い消費者は，「ダース」を好む傾向にある。同様にチョコレート菓子を頻繁に購買したり食べたりする主観的知識（SK）が高い消費者は，種類別名称の分類にとらわれず，「ホルン」「マカダミアチョコ」「きのこの山」「ガーナ」「ガルボミニ」といったブランドを好む傾向にある。ここまで，さまざまな考察を加えてきたが，チョコレート菓子については，ビール系飲料と比べて消費者知識と消費者選好の関連性について考察することが難しい。つまり多く市場でマーケティング競争に大き

表 6.6　強い競争コンテクスト効果が潜む競争関係：チョコレート菓子

水準	競争関係（数）	割合（％）
1% 負	13	3.1%
5% 負	11	2.6%
10% 負	16	3.8%
10% 正	15	3.6%
5% 正	26	6.2%
1% 正	70	16.7%

（注）　HPD 基準。

な影響を及ぼす消費者知識であるが，チョコレート菓子市場においては，マーケティング戦略上，考慮すべき重要対象であるかは懐疑的にならざるをえないということである。

▶ 競争コンテクスト効果

次に，競争コンテクスト効果について考察していきたい。まずは，ブランド j とブランド k のマーケティング競争によって規定されるパラメータ $\alpha_{j|k}$ に注目していきたい。ビール系飲料と同じく，$\alpha_{j|k}$ は合計 420 のパラメータから構成されている。

全 420 のパラメータについて，事後平均値を計算したところ，パラメータ $\alpha_{j|k}$ と $\alpha_{k|j}$ について符号が一致している，対称的な競争コンテクスト効果が確認できる関係は，合計 210 ペア中 150 ペア（71.4%）であった。ビール系飲料と比較すると，対称的な競争コンテクスト効果が確認できる競争関係の割合はやや低い（ビール系飲料では 79.0%）が，おおよそ同水準である。

次に，ブランド j とブランド k の競争関係において，とくに強い競争コンテクスト効果が確認されたパラメータの割合に注目していきたい。表 6.6 は，そのパラメータ数をまとめたものである。全 420 のパラメータについて，それぞれ HPD を計算し，10%，5%，1% の水準で，正か負の値を示したパラメータ数とその割合を示している。表 6.6 が示すように，ビール系飲料と同様に，全体的に好ましい競争コンテクスト効果をもたらす関係が多いことがわかる。

図 6.2 ブランドの感受性と影響力：チョコレート菓子

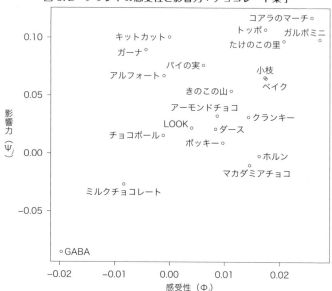

正の値を示した競争関係のパラメータは合計 111（26.4%）あるのに対して，負の値を示した競争関係のパラメータは合計 40（9.5%）であった。つまり，ビール系飲料と同様に，考慮集合を構成する選択代替案となるブランドが多いほど，各ブランドに対する選好は向上する傾向にある。しかし，ビール系飲料と同様に，相対的なブランド選好から算出される選択確率を考えると，対称的な正の値を示す競争関係よりも，非対称な正と負の値を示す競争関係のほうがより好ましいといえる。こちらについても，第 4 節で改めて検討していきたい。

図 6.2 は，各ブランドの感受性と影響力をプロットしたものである。左側にあるブランドほど，競争に対して「脆弱」であり，下側にあるブランドほど競争に対して「攻撃的」であることを示している。図 6.2 からもわかるように，競争に対するブランドの感受性と影響力の間には正の相関関係がある（$r=0.58$）。つまり，ビール系飲料と同様に，競合ブランドに対する選好を低下させるブランドは，

競合ブランドによって当該ブランドに対する選好も低下させられる傾向にあるということである。図6.2の右上には，ほとんどのブランドが集まっていることがわかる。つまり，チョコレート菓子の競争においては，各ブランドが考慮集合を構成する選択代替案となることで，当該ブランドに対する選好が向上し，競合ブランドの選好も向上させてしまうのである。

ここで注目したいブランドは，「GABA」である。チョコレート菓子においては，「GABA」は，競合ブランドとともに考慮集合を構成する選択代替案となることで，当該ブランドに対する選好を低下させられるが，競合ブランドに対する選好も低下させている傾向が顕著である。つまり，競争に対して非常に「脆弱」ではあるが，非常に「攻撃的」なブランドであるということである。

4 選択確率と競争コンテクスト効果

▶ 競争コンテクスト効果：消費者選好レベル vs. 消費者選択レベル

前節までの分析結果から，熾烈な競争の中にも当該ブランドにとってマーケティング戦略資源となる競争コンテクスト効果が潜む関係があることが明らかになった。しかし，前節までの議論は，あくまでも消費者選好レベルにおける競争コンテクスト効果であり，消費者選択行動レベルにおいても同様の競争コンテクスト効果が存在するとは断言できない。なぜならば，選択確率は相対的な消費者選好によって規定されるため，考慮集合を構成する選択代替案となる全ブランドへの選好が，競争コンテクスト効果によって同水準に向上してしまえば，当該ブランドの選択確率は上がらないからである。

加えて，熾烈なマーケティング競争が展開されている市場では，消費者の考慮集合を構成する選択代替案となる新たなブランドが次々と上市されることが想定されるため，相対的に選択確率が下がる可能性も高い。たとえば，考慮集合を構成する選択代替案が1つ（ブランドjのみ）であれば，考慮集合におけるブランドjの選択確

率は1であるが,新しいブランド k が考慮集合を構成する選択代替案となったときに,ブランド k の競争コンテクスト効果が存在しても,ブランド j の選択確率は1よりも必ず小さくなってしまう。無関係な代替案からの独立（IIA）を仮定した状況では,考慮集合を構成する選択代替案が2ブランドの場合でも,新しいブランドが考慮集合を構成する選択代替案となれば,既存の2ブランドは同じ割合だけ選択確率が小さくなってしまう。IIA仮定を緩めた入れ子ロジットモデル[6]やプロビット・モデル[7]においても,新しいブランドが考慮集合を構成する選択代替案となっても,既存ブランドの選択確率が上がることは,ほぼ想定されない。しかしながら,本書では,競争コンテクスト効果を考慮しており,これまでの分析結果から,ブランド間の競争が当該ブランドに対する選好に与える影響は小さくないことが示されている。そこで,競争コンテクスト効果が当該ブランドに対する選択確率にどのような影響を与えるのかをシミュレーションし,消費者選択行動レベルにおける競争コンテクスト効果について検討していきたい。

▶ **シミュレーション：消費者選択行動における競争コンテクスト効果**

本項では,得られた調査データから選択確率の変化を検討するための方法について説明する。なおここではこれまでの順番とは逆に,まず次項では調査C（チョコレート菓子）のデータを用いて,チョコレート菓子市場から検討し,その次に調査B（ビール系飲料）のデータを用いてビール系市場について検討していく。

分析対象者は,ブランド j が考慮集合を構成する選択代替案となっており,かつブランド k が含まれていない回答者である。すなわち,$(j \in C_i)$ かつ $(k \notin C_i)$ となるような考慮集合 C_i をもつ消費者 i の集合であり,この集合を $N_{j,-k}$ とおく。この条件を満たす消費者 $i \in N_{j,-k}$ の考慮集合 C_i におけるブランド j の選択確率は,先述したように以下のとおりである。

$$P_i(j \mid C_i) = \frac{\exp(u_{ij})}{\sum_{l \in C_i} \exp(u_{il})}, \quad i \in N_{j,-k} \quad (6.4)$$

ここで，考慮集合 C_i を構成する選択代替案としてブランド k があるときのブランド j に対する選択確率の変化をシミュレーションしていく。

まず，考慮集合を構成する選択代替案であるブランド $l \in C_i$ に対する選好は，考慮集合が $\{C_i, k\}$ になると，次のように更新される。

$$u_{il}^+ = u_{il} + \alpha_{l \mid k} \quad (6.5)$$

u_{il} は消費者 i が形成するブランド l の選好であるが，これにブランド k から l への競争コンテクスト効果 $\alpha_{l \mid k}$ が加えられる。また，ブランド k に対する消費者 i の選好は，以下のような推定値から得る。

$$u_{ik}^+ = x_i' \beta_k + \sum_{l \in C_i} \alpha_{k \mid l} \quad (6.6)$$

これらの更新されたブランド選好の値を用いて，考慮集合 C_i を構成する選択代替案としてブランド k があるときのブランド j の選択確率 $P_i(j \mid \{C_i, k\})$ を，以下のようにシミュレーションすることができる。

$$P_i(j \mid \{C_i, k\}) = \frac{\exp(u_{ij}^+)}{\sum_{l \in C_i} \exp(u_{il}^+) + \exp(u_{ik}^+)} \quad (6.7)$$

以上が，消費者選択行動レベルで競争コンテクスト効果を明らかにするためのシミュレーションの詳細である。以下では，その分析結果について考察をしていきたい。

▶ **選択確率の試算結果：チョコレート菓子市場**

本章3節までは，ビール系飲料の分析結果を先に考察していたが，ここでは，チョコレート菓子の分析結果から考察する。

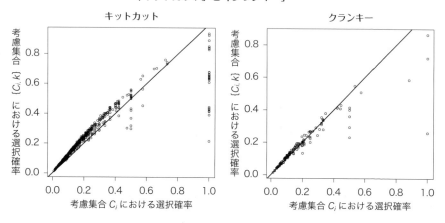

図6.3 消費者選択行動における競争コンテクスト効果：
「キットカット」と「クランキー」

　まずは，ブランドjを「キットカット」，ブランドkを「クランキー」に設定して，「キットカット」に対する選択確率をシミュレーションしていきたい。先述の推定結果によれば，「キットカット」と「クランキー」についての$\alpha_{j|k}$は正の値を示しており，1%HPDが0を含まないという水準である。同時に，ブランドjに「クランキー」，ブランドkに「キットカット」を設定した場合の，「クランキー」に対する選択確率についてもシミュレーションしていく。こちらも先述の推定結果によれば，$\alpha_{k|j}$も正の値を示しており，1%HPDが0を含まないという水準である。シミュレーションに設定するパラメータα, βはMCMCサンプルの事後平均値を用いている。

　図6.3は，横軸に考慮集合がC_iであるときの選択確率（式(6.4)で定義した選択確率），縦軸に考慮集合が$\{C_i, k\}$に更新されたときの選択確率（式(6.7)で定義した選択確率）をとり，消費者ごとの選択確率をプロットしたものである。左図は「キットカット」に対する選択確率で，縦軸には「クランキー」が考慮集合を構成する選択代替案となったときの競争コンテクスト効果を包含した「キットカット」に対する選択確率を示している。右図は「クランキー」に対す

る選択確率で，縦軸には「キットカット」が考慮集合を構成する選択代替案となったときの競争コンテクスト効果を包含した「クランキー」に対する選択確率を示している。両図とも，中央45度線よりも右下にプロットされている消費者の選択確率は，考慮集合を構成する選択代替案に新しいブランドが加えられたときに，当該ブランドに対する選択確率が低下したことを示す。反対に，左上にプロットされている消費者の選択確率は，考慮集合を構成する選択代替案に新しいブランドが加えられたときに，当該ブランドに対する選択確率が向上したことを示す。

図6.3の左図では，考慮集合 C_i を構成する選択代替案が「キットカット」のみである消費者の選択確率は1.0であるため，「キットカット」のみで考慮集合が構成されているところに「クランキー」が選択代替案となってくるので，必然的に「キットカット」に対する選択確率は低下するはずである。しかし，考慮集合 C_i を「キットカット」だけでなく複数の選択代替案から構成する消費者の「キットカット」に対する選択確率は，多くが向上していることが確認できる。とくに，考慮集合 C_i における「キットカット」に対する選択確率が0.8以下のほとんどの消費者は，「クランキー」が考慮集合を構成する選択代替案となることで，「キットカット」に対する選択確率が向上していることがわかる。これが，消費者選択行動レベルにおける競争コンテクスト効果である。

今回のシミュレーションで分析対象者となった回答者（「キットカット」は考慮集合を構成する選択代替案であるが，「クランキー」はそうではない消費者）は1800人中588人であった。そして，588人中546人（92.8％）については，「クランキー」が考慮集合を構成する選択代替案となることで，「キットカット」に対する選択確率を向上させている。一方，「クランキー」に対する選択確率については，今回のシミュレーションで分析対象者となった回答者（「クランキー」は考慮集合を構成する選択代替案であるが，「キットカット」はそうではない消費者）は1800人中137人であった。そして，137人中94人

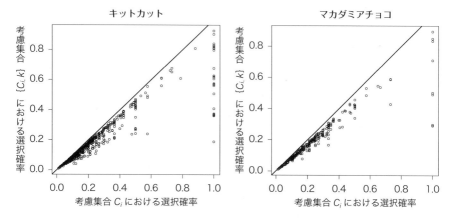

図6.4 消費者選択行動における競争コンテクスト効果：
「キットカット」と「マカダミアチョコ」

(68.6%) については，「キットカット」が考慮集合を構成する選択代替案となることで，「クランキー」に対する選択確率を向上させている。

「クランキー」に対する競争コンテクスト効果は「キットカット」のそれと比較すると小さいが，それでも68.6%の消費者が競争コンテクスト効果によって「クランキー」に対する選択確率を向上させている。実際，双方のブランドにとって好ましい競争コンテクスト効果が現れるケースはそれほど多くはない。たとえば，図6.4において左上にプロットされている消費者がいないことからもわかるように，「キットカット」と「マカダミアチョコ」の間には，好ましい競争コンテクスト効果はなく，双方にとって好ましくない競争コンテクスト効果となっていることがわかる。つまり，双方のブランドが考慮集合を構成する選択代替案となることで，双方のブランドに対する選択確率が低下してしまっているのである。

このように，各ブランド間のマーケティング競争の中で，競争コンテクスト効果が当該ブランドに対する選択確率に及ぼす影響を検討することができる。ここで，ブランド k が考慮集合を構成する選択代替案として新たに加わることで変化するブランド j の選択確率

について，選択確率が向上した消費者の割合を以下のように，ブースト率 $b_{j|k}$ と定義する。ブースト率は，0から1の間の値をとる指標であり，これが1に近いほど「ブランド k がブランド j とともに考慮集合を構成する選択代替案となったときに，ブランド j の選択確率を上げる傾向が高い」ことを示している。また，ブースト率が0.5を上回れば，半数以上の消費者の選択確率が向上することを示しており，逆に，0.5を下回れば，半数以上の消費者の選択確率が低下することを示している。

$$b_{j|k} = \frac{1}{\#(N_{j,-k})} \sum_{i \in N_{j,-k}} \mathbf{1}(P_i(j|\{C_i, k\}) > P_i(j|C_i)) \quad (6.8)$$

ここで，$N_{j,-k}$ は，すでに定義したとおり，$(j \in C_i)$ かつ $(k \notin C_i)$ となるような考慮集合 C_i を構成する消費者の集合であり，その要素数（人数）は $\#(N_{j,-k})$ である[8]。右辺の $\mathbf{1}(\cdot)$ は，括弧内が真なら1，偽なら0をとる指示関数である。

図6.5は，全ブランドのペアにおける関係の中で，競争コンテクスト効果が当該ブランドに対する選択確率に及ぼす影響について計算したブースト率 $b_{j|k}$ をヒストグラムにまとめたものである。全21ブランドで非対称な競争コンテクスト効果のペア（ブランド j→ブランド k／ブランド k→ブランド j）を想定しているので，合計420ケースの競争コンテクスト効果をシミュレーションしている。

図6.5で示すように，ほとんどのケースでは，選択確率に対する競争コンテクスト効果の影響は低く，0.1未満のケースが191（全体の45.4%），0.5未満のケースでは300（全体の71.4%）であった。このことからも，通常のマーケティング戦略においては，競争を回避することを前提にしたほうが好ましいことは事実であり，本書でもこれを否定するものではない。しかしながら，競争コンテクスト効果によって，90%以上の消費者が当該ブランドに対する選択確率を向上させるケースが41（全体の9.8%）もある。ブランドの本質的な部分で差別化が図れなくなってしまうコモディティ化に直面するマーケターにとって，マーケティング戦略資源としての競争コンテ

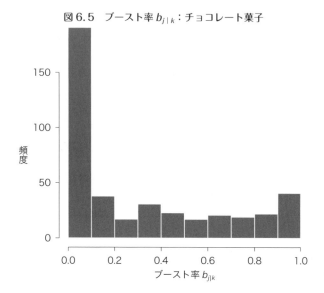

図6.5 ブースト率 $b_{j|k}$：チョコレート菓子

クスト効果に注目していくことは，十分な価値に値する戦略への示唆となるであろう。

また，ブースト率 $b_{j|k}$ が90%（0.9）以上の消費者の選択確率を向上させる競争関係をネットワーク図で表したものが図6.6である。ネットワーク図では，矢印の元にあるブランドが新しく考慮集合を構成する選択代替案となった場合，矢印の先にあるブランドの選択確率が向上することを示している。このネットワーク図が示すように，チョコレート菓子においては，一方向に矢印が伸びている関係はむしろ少なく，相互に好ましい競争コンテクスト効果が潜む関係が多いことがわかる。また，この互恵的な競争関係は，競合企業が製造・販売しているブランド間にも存在しているが，一企業のブランド間に多く考察される。たとえば，「マカダミアチョコ」と「アーモンドチョコ」，「きのこの山」と「たけのこの里」は，明治が意図的に並列させて製造・販売しているブランドであり，これらは双方に選択確率を向上させる競争コンテクスト効果が潜んでいるようである。また，ロッテから製造・販売されている「トッポ」と「パ

図6.6 競争コンテクスト効果：チョコレート菓子

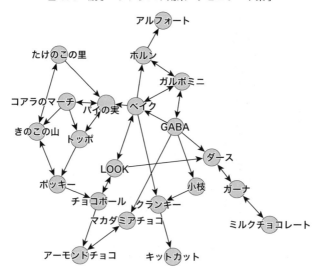

イの実」，「コアラのマーチ」と「パイの実」も，双方に選択確率を向上させる競争コンテクスト効果が潜んでいるようだ。以上のように，一企業における製品ラインナップの中にも双方のブランドにとって選択確率を向上させる競争コンテクスト効果が潜んでいるようである。

▶ **選択確率の試算結果：ビール系飲料市場**

ビール系飲料においても，チョコレート菓子と同様に選択確率の変化をシミュレーションすることができる。ビール系飲料についても全21ブランド420ペアの競争関係についてブースト率 $b_{j|k}$ を計算し，ヒストグラムにまとめたものが図6.7である。

ビール系飲料もチョコレート菓子と同じように，多くのケースでは，選択確率に対する競争コンテクスト効果の影響はほとんどなく(0.1未満)，新しいブランドが考慮集合を構成する選択代替案となると，既存ブランドに対する選択確率は一般に低下してしまうことがわかる。しかしながら，ビール系飲料においても，当該ブランド

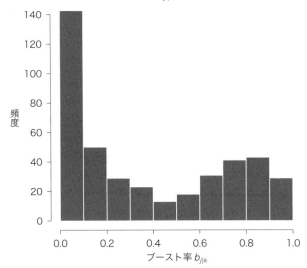

図6.7 ブースト率 $b_{j|k}$：ビール系飲料

に対する選択確率を向上させる消費者の割合が非常に高い競争関係もある。

図6.8は，ブースト率 $b_{j|k}$ が90％（0.9）以上の消費者の選択確率を向上させた競争関係をネットワーク図で表したものである。チョコレート菓子のネットワーク図と同様に，矢印の元にあるブランドが新しく考慮集合を構成する選択代替案となった場合，矢印の先にあるブランドの選択確率が向上することを示している。このネットワーク図が示すように，ビール系飲料においては，一方向に矢印が伸びている関係が多く，一方的に好ましい競争コンテクスト効果が潜んでいる関係が多いことがわかる。

しかし，ビール系飲料においては，相互に競争コンテクスト効果が潜む関係が少ないながらも，酒税法上の分類を超えて，一企業で製造・販売しているブランド間に好ましい競争コンテクスト効果が潜んでいることが考察される。たとえば，アサヒビールでは，新ジャンルである「アサヒオフ」が，「熟撰（ビール）」と「クリアアサヒ（新ジャンル）」に好ましい競争コンテクスト効果を与えている。

図6.8 競争コンテクスト効果：ビール系飲料

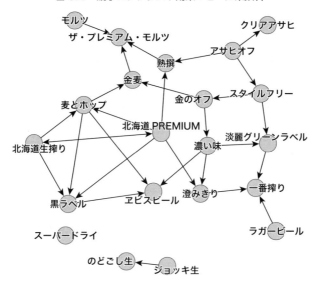

キリンビールでは，ビールである「ラガービール」，発泡酒である「淡麗グリーンラベル」，そして新ジャンルである「澄みきり」が「一番搾り（ビール）」に好ましい競争コンテクスト効果を与えている。キリンビールは，その他にも新ジャンルである「濃い味」が，「淡麗グリーンラベル（発泡酒）」と「澄みきり（新ジャンル）」にも好ましい競争コンテクスト効果を与えている。

サントリービールは，ビールである「モルツ」と新ジャンルである「金麦」が，「ザ・プレミアム・モルツ（ビール）」に好ましい競争コンテクスト効果を与えている。

そして，サッポロビールは，発泡酒である「北海道生搾り」と新ジャンルである「北海道PREMIUM」が双方に好ましい競争コンテクスト効果を与え，これら2ブランドは「麦とホップ（新ジャンル）」に対しても好ましい競争コンテクスト効果を与え，さらに新ジャンルの「麦とホップ」も，「ヱビスビール（ビール）」と「黒ラベル（ビール）」に好ましい競争コンテクスト効果を与えている。

以上のように，一企業における製品ラインナップの中で，酒税法上の分類を超えて，ブランドにとって選択確率を向上させる非対称な競争コンテクスト効果が潜んでいるようである。

　ほかにも注目すべきこととして，「スーパードライ」は，どの他ブランドが考慮集合に含まれても，選択確率が向上することは見込めず，反対に，「スーパードライ」が考慮集合に含まれたとき，どの他ブランドの選択確率も向上させないようである。また，「ジョッキ生」→「のどごし生」のように，他のブランド間の競争とは独立して，「ジョッキ生」が考慮集合を構成する選択代替案となることで，「のどごし生」に対する選択確率を向上させる競争コンテクスト効果が潜んでいる関係があることも興味深い。

　しかし，「ジョッキ生」にとっては，どのブランドとの競争関係においても好ましい競争コンテクスト効果を享受できないことから，競争を回避することを考えるべきである。その一方で，多くのブランドから矢印の先となっている「ヱビスビール」「ザ・プレミアム・モルツ」「一番搾り」「黒ラベル」などは，競争コンテクスト効果を十分に享受するために，積極的に競争することを考えるべきであろう。

5　まとめ——同時決定的な消費者選択行動における競争コンテクスト効果

　本章では，同時決定的な消費者選択行動（考慮集合を構成する選択代替案の競争関係）を想定し，その競争に潜む競争コンテクスト効果を明らかにしてきた。そして，考慮集合に同時に含まれる競合ブランドを，マーケティング戦略資源として特定（享受）することで，新たな脱コモディティ化戦略の可能性について議論してきた。また，本章では，ブランド選好レベルにおける競争コンテクスト効果を検討してきたが，さらに，これら分析結果をもとに選択確率レベルにまで議論を展開し，当該ブランドの選択確率に対しても競争コンテ

クスト効果が潜む競争関係があることを明らかにしている。

しかし，本書の調査対象となっているビール系飲料やチョコレート菓子に対する実際の消費者選択行動を考えれば，いわゆる買回品や専門品のように一生に一度もしくは数回しか選択機会がないということは考えにくい。つまり，このような調査対象の場合には，1カ月間であっても何度も選択機会があるような，連続的な複数時点における消費者選択行動も考えなければならないということである。

そこで，次章では，逐次決定的に考慮集合を構成する選択代替案が決まってくる消費者選択行動を想定し，それら競争に潜む競争コンテクスト効果を明らかにしていく。また，本章と同様に，この効果をマーケティング戦略資源として活用できる可能性についても検討したい。

第7章

複数時点の競争に潜むチャンスをつかまえる

逐次決定的な消費者選択行動における競争コンテクスト効果

▶ はじめに

　前章では，消費者が直面する一時点の選択機会におけるマーケティング競争に注目し，同時決定的な消費者選択行動という「競争の瞬間」に潜む競争コンテクスト効果を明らかにしてきた。しかし，本書の調査対象となっているビール系飲料やチョコレート菓子に対する実際の消費者選択行動を考えれば，いわゆる買回品や専門品のように一生に一度もしくは数回しか選択機会がないということは考えにくい。また，差別化をめぐる競争が成熟化していく中で競争次元が同質的になってきてもなお，新しいブランドが次々と上市されてしまうコモディティ化市場においては，企業は複数時点の選択機会に直面する消費者選択行動も想定すべきではないだろうか。そこで，本章では，連続的な複数時点の選択機会における，逐次決定的な消費者選択行動に潜む競争コンテクスト効果を検証していきたい。

1　逐次決定的な消費者選択行動

　第1章で詳述したように，消費者が直面する選択機会をとらえるには，大きく2つの視座が必要になってくる。1つは，一時点の選択機会に注目したものであり，もう1つは複数時点の選択機会である。前者は，前章にて，同時決定的な消費者選択行動から，考慮集合を構成する選択代替案に潜む競争コンテクスト効果を明らかにしてきた。これに対して，本章では，後者の選択機会における競争コンテクスト効果を分析対象としていく。

　本章で注目していく競争コンテクスト効果は「先立ってブランドkが考慮されることで引き起こされる，ブランドjに対する選好の変化」である。つまり，事前に考慮集合を構成する選択代替案となったブランドkに対する選好が，その後に考慮集合を構成する選択代替案となるブランドjへの選好に与える潜在的な影響のことである。

▶ **競争コンテクスト効果の定義**

　逐次決定的な消費者選択行動における競争コンテクスト効果の測定においては，ブランド k に対する選好が形成されたもとでのブランド j に対して形成される選好である「刺激付き選好」だけでなく，このようなブランド k との競争関係を想定しない，ブランド j に対する選好である「刺激なし選好」の双方を測定しなければならない。これら測定方法については第 4 章にて詳述している。刺激付き選好とは，「特定のブランド k の購買機会において，それが入手不可能だったときに，別のブランド j をどの程度購入したいと考えるか」という状況を設定しており，選択対象が強制的に変更させられる中（強制遷移下）での逐次決定的な消費者選択行動を測定している。

　つまり，回答者に対して，一度はブランド k の選択機会において，ブランド k に対する選好を形成させたうえで，ブランド j に対する選好を形成させているのである。そして，ここで測定された刺激付き選好と，刺激なし選好（単純にブランド j に対する選好を形成させる）とを比較することで，ブランド k が考慮されることで引き起こされるブランド j に対する選好の変化を競争コンテクスト効果として算出することができるのである。以降では，第 4 章でも留意したが，ブランド k は「刺激ブランド」，ブランド j を「対象ブランド」と呼ぶ。また，この刺激・対象ブランドの関係を，ブランド k を条件としたブランド j の測定という意味で $(j \mid k)$ と表記する。表記としては，（対象｜刺激）となるので注意されたい。

　消費者 i について，ブランド j の「刺激なし選好」を y_{ij}，「刺激付き選好」を $y_{ij \mid k}$ とおくと，ブランド j が受けるブランド k からの競争コンテクスト効果 $\Delta y_{ij \mid k}$ は，この 2 つの選好の差として，以下のように定義することができる。

$$\Delta y_{ij \mid k} = y_{ij \mid k} - y_{ij} \quad (7.1)$$

　この競争コンテクスト効果 $\Delta y_{ij \mid k}$ が正の値を示すのであれば，ブランド k がもともと考慮集合を構成する選択代替案となることで，

逐次的に考慮集合を構成する選択代替案となったブランド j に対する選好が向上することを示し，ブランド j にとってブランド k は好ましい競争コンテクスト効果を与えるブランドとなる。反対に，$\Delta y_{ij|k}$ が負の値を示すのであれば，ブランド j にとってブランド k は好ましくない競争コンテクスト効果を与えるブランドとなる。

たとえば，消費者のブランド j に対する刺激なし選好（y_{ij}）が 4 であったとき，それに先立ってブランド k が考慮集合を構成する選択代替案となることで，消費者のブランド j に対する刺激付き選好（$y_{ij|k}$）が 5 になるとすれば，競争コンテクスト効果（$\Delta y_{ij|k} = y_{ij|k} - y_{ij}$）は +1 となり，ブランド k が意識されることによってブランド j に対する選好が向上し，ブランド j にとってブランド k は好ましい競争コンテクスト効果を与えてくれるブランドであるとみなせる。また，ブランド j よりも先行して別のブランド l が考慮集合を構成する選択代替案となることで，消費者のブランド j に対する刺激付き選好が 2 になるとすれば，競争コンテクスト効果は -2 となり，ブランド l によってブランド j に対する選好が低下し，ブランド j にとってブランド l は好ましくない競争コンテクスト効果を与えるブランドであるとみなせる。

ただし，ブランド k とブランド j の関係（$j|k$）に潜む競争コンテクスト効果には，ブランド k からの影響だけでなく，ブランド j そのものの異質性や，消費者 i の異質性の影響も含まれている可能性がある。そのため，本章ではこれら異質性についても検討していきたい。次節では，これら異質性を包含した競争コンテクスト効果を明らかにするためのモデルの定式化を行っていく。

▶ モデル

前節で定義した競争コンテクスト効果 $\Delta y_{ij|k}$ について，本節では，これを説明する構造を考えていきたい。まずは，刺激・対象ブランド（$j|k$）にある競争コンテクスト効果 $\alpha_{j|k}$ を仮定する。$\alpha_{j|k}$ が高い値を示すのであれば，ブランド j にとってブランド k は好まし

い競争コンテクスト効果を与えるブランドとなる。また，ブランド $(j\mid k)$ の関係は非対称であると考えられるので，$\alpha_{j\mid k} \neq \alpha_{k\mid j}$ を許容する構造とする。

次に，消費者 i の異質性として β_{i0}, β_{i1} を仮定する。β_{i0} は，消費者ごとに異質な切片であり，β_{i1} はブランド k に対する選好 y_{ik} に及ぼす影響を規定するパラメータである。β_{i0} が正の値を示すのであれば，ブランド j に対しておおむね選好が高いことがわかる。β_{i1} が正の値を示すのであれば，ブランド k に対して選好が高いとき，ブランド j に対する選好も向上し，反対にブランド k に対して選好が低ければ，ブランド j に対する選好が低下してしまうことがわかる。これらを統合して，競争コンテクスト効果 $\Delta y_{ij\mid k}$ を説明するモデルを以下のように定義する。ただし，第4章でも述べたように，すべての消費者のすべての関係における競争コンテクスト効果を測定しているわけではない。以降，$(j\mid k)$ について競争コンテクスト効果を測定している消費者を $N_{j\mid k}$ とおく。以下の式は，これらの関係を $i \in N_{j\mid k}$ について定義したものである。

$$\Delta y_{ij\mid k} = \alpha_{j\mid k} + \beta_{i0} + \beta_{i1} y_{ik} + \varepsilon_{ijk},$$
$$\varepsilon_{ijk} \sim N(0, \sigma^2), \quad i \in N_{j\mid k} \tag{7.2}$$

また，これら構造を説明する事前構造を仮定していきたい。まずは，ブランド $(j\mid k)$ にある異質性 $\alpha_{j\mid k}$ を説明する事前構造として，以下のように仮定する。

$$\alpha_{j\mid k} = \phi_j + \psi_k + \eta_{jk},$$
$$\eta_{jk} \sim N(0, v^2) \tag{7.3}$$

ここで，ϕ_j は前章でも述べたように，マーケティング競争に対する対象ブランド j の「感受性」に相当するパラメータである。つまり，ϕ_j が相対的に高い値と推定されれば，刺激ブランドが考慮集合を構成する選択代替案となっているところに，逐次的に対象ブランド j が選択代替案となることで，対象ブランド j に対して他の

刺激ブランドが好ましい競争コンテクスト効果を与えることになる。すなわち，ブランド j は，競争を積極的に享受すべき「脆弱ではない」ブランドであることがわかる。反対に，ϕ_j が相対的に低い値と推定されれば，対象ブランド j に対して他の刺激ブランドが好ましくない競争コンテクスト効果を与えることになり，ブランド j は，競争を回避すべき「脆弱な」ブランドであることがわかる。

また，ψ_k についても前章で述べたように，マーケティング競争に対する刺激ブランド k の「影響力」に相当するパラメータである。つまり，ψ_k が相対的に高い値を示すのであれば，刺激ブランド k が考慮集合を構成する選択代替案となっているところに，逐次的に他の対象ブランドが選択代替案となることで，刺激ブランド k は他の対象ブランドに対して好ましい競争コンテクスト効果を与えることになり，ブランド k は，対象ブランドに対して好ましい影響を与える「攻撃的ではない」ブランドであることがわかる。反対に，ψ_k が相対的に低い値を示すのであれば，ブランド k は対象ブランドに対して好ましくない競争コンテクスト効果を与えることになり，ブランド k は，対象ブランドに対して「攻撃的な」ブランドであることがわかる。

消費者 i の異質性 $\beta_i = (\beta_{i0}, \beta_{i1})'$ については，消費者知識と消費者属性（性別と年齢）を考慮した以下のような線形結合の事前構造を仮定する。

$$\begin{aligned}\beta_i &= \Gamma w_i + \xi_i, \\ \xi_i &\sim N_2(0, Q)\end{aligned} \quad (7.4)$$

ここで，w_i には客観的知識と主観的知識に対して精通性が調整変数となる消費者知識構造を設定している（図4.4, 85頁）。消費者知識がコンテクスト効果に与える影響については，先行研究でも指摘されており，本章でもこれを検証する[1]。

また，w_i には消費者属性として，{性別（女性＝1），年齢（対数）} も加えている。以上が，逐次決定的な消費者選択行動におけるマー

ケティング競争に潜む競争コンテクスト効果を検討するモデルとなる。モデルは事前構造を含む階層モデルであるため，マルコフ連鎖モンテカルロ（MCMC）法によって推定していく[2]。

▶ データの概要と対立モデル

前項で述べたモデルに適用させていくデータは，第 4 章で詳述した調査 B（ビール系飲料）と調査 C（チョコレート菓子）に関するものである。詳細な調査対象とリサーチ・デザイン，そして測定項目については，第 4 章を参照されたい。

また，前項で提案したモデルの適合度を検討するために，対立モデルを推定し，結果を比較する。ここでは，対立モデルは 3 種類用意している。1 つ目は，消費者 i の異質性 $\beta_i = (\beta_{i0}, \beta_{i1})'$ のみを含むモデルである（対立モデル 1）。2 つ目は，ブランド（$j|k$）にある異質性 $\alpha_{j|k}$ のみを含んだモデルである（対立モデル 2）。そして，3 つ目は，消費者 i の異質性 $\beta_i = (\beta_{i0}, \beta_{i1})'$ とブランド（$j|k$）にある異質性 $\alpha_{j|k}$ の双方を含むが，ブランド間の競争関係の対称性を仮定した（$\alpha_{j|k} = \alpha_{k|j}$）モデルである（対立モデル 3）。つまり，提案モデルと対立モデル 3 つを比較することで，ブランド間の競争関係に潜む競争コンテクスト効果の非対称性をあわせて検討することができるのである。

2　［分析結果 1］ビール系飲料市場

▶ モデル比較

まずはモデルの全体的な適合度を比較する。表 7.1 は，提案モデルと 3 つの対立モデルについて算出した対数周辺尤度，対数ベイズファクター（BF），DIC（Deviance Information Criterion）の結果である[3]。

表 7.1 で示されているように，いずれの指標も提案モデルが最も優れた適合度となった。つまり，ブランド間の競争関係は必ずしも

表 7.1 モデル比較：ビール系飲料

	消費者知識 消費者属性	競争コンテ クスト効果	対数周辺尤度	対数 BF	DIC
対立モデル 1	×	非対称	−73815.5	949.9	149017.0
対立モデル 2	○	×	−78665.5	5799.9	157631.8
対立モデル 3	○	対称	−73310.5	444.9	148179.8
提案モデル	○	非対称	−72865.7		147638.4

対称的ではなく，たとえばブランド j, k 間の競争コンテクスト効果について考える場合，先にブランド k が選択代替案として考慮され，逐次的にブランド j が選択代替案として考慮されることで，ブランド j に対する選好が向上したとしても，その逆も同様であるとは断言できないということである。

▶ 競争コンテクスト効果：集計レベル

図 7.1 は，横軸に刺激なし選好の平均値，縦軸に刺激付き選好の平均値をとった散布図である。刺激なし選好は回答者全員の平均値であるが，刺激付き選好の平均値は，全 18 グループ合計 420 ペアの刺激ブランドと対象ブランドの競争関係それぞれに割り付けられた回答者の平均値である。

図 7.1 では，ブランド j に対する刺激付き選好の平均値 $(j \mid k)$ について回答した消費者の集合を $N_{j \mid k}$ としたときに，平均値 $\bar{y}_{j \mid k} = (1/\#(N_{j \mid k})) \sum_{i \in N_{j \mid k}} y_{ij \mid k}$ を計算し，さらに平均値 $(J-1)^{-1} \sum_{k \neq j} \bar{y}_{j \mid k}$ を計算している。ここで，中央 45 度線に近接しているほど，刺激なし選好と刺激付き選好の差がないことを示し，ブランド j に対するブランド k の競争コンテクスト効果そのものが小さいことを示している。つまり，図中にある 45 度線よりも下に離れているほど，刺激ブランドに対して対象ブランドが好ましくない競争コンテクスト効果を受けていることを示し，45 度線よりも上に離れているほど，刺激ブランドに対して対象ブランドが好ましい競争コンテクスト効果を受けていることを示している。全体的な傾向と

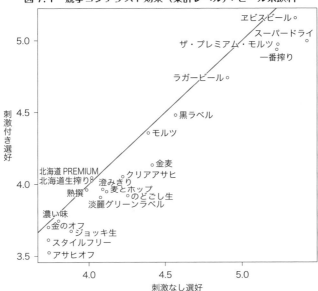

図7.1 競争コンテクスト効果（集計レベル）：ビール系飲料

しては，他ブランドの刺激を受けることで，選好が低下してしまうブランドが多いことが見てとれる。ただし，図7.1で示した刺激なし選好と刺激付き選好の差は，特定のブランド間に個別の関係を検討したものではない。個々のブランド間の関係については，次項で詳しく検討していく。

また，図7.1からもわかるように，刺激なし選好と刺激付き選好の間には，非常に強い正の相関関係がある（$r=0.983$）。つまり，競争コンテクスト効果が，当該ブランドに対する選好の順位を大きく変動させるわけではないということである。

▶ **競争コンテクスト効果：ブランド異質性**

前項の集計レベルでの検討をふまえて，競争コンテクスト効果 $\alpha_{j|k}$ の推定結果を考察していきたい。提案モデルでは，識別性を満たすために $\alpha_{21} = 0$ という制約をおいているため，事後平均値の相

対的な大きさで検討する必要がある．ここでは，事後平均値の上位 5% 以上となる好ましい競争コンテクスト効果と下位 5% 以下となる好ましくない競争コンテクスト効果に注目して検討する．

　図 7.2 は，事後平均値が下位 5% 以下の好ましくない競争コンテクスト効果を示すものである．矢印の元が刺激ブランド，矢印の先が対象ブランドである．つまり，矢印の元にあるブランド k が先行して考慮集合を構成する選択代替案となることで，矢印の先にあるブランド j に対する選好が他のブランドとの競争関係と比較して低下してしまう傾向が強いことを示している．図 7.3 は，事後平均値が上位 5% 以上の好ましい競争コンテクスト効果を示すものである．つまり，矢印の元にあるブランド k が先行して考慮集合を構成する選択代替案となると，矢印の先にあるブランド j に対する選好が他のブランドとの競争関係と比較して向上する傾向が強いことを示している．

　図 7.2 と図 7.3 を比較して考察できることは，多くのブランドから好ましくない競争コンテクスト効果を受けているブランドと，多くのブランドから好ましい競争コンテクスト効果を受けているブランドがあるということである．図 7.2 では，「北海道 PREMIUM」が 4 ブランドから，「濃い味」「スタイルフリー」「金のオフ」が 3 ブランドから好ましくない競争コンテクスト効果を受けていることがわかる．一方，図 7.3 では，「のどごし生」が 4 ブランドから好ましい競争コンテクスト効果を享受していることがわかる．

　これら競争関係も含めて，好ましくない競争コンテクスト効果を受ける関係は，「黒ラベル」と「熟撰」「モルツ」を除けばすべて発泡酒または新ジャンルのビール系飲料であり，新製品が次々と上市される発泡酒と新ジャンルにおいて，狂騒的なマーケティング競争が展開されていることがわかる．

　また，好ましい競争コンテクスト効果を与えるブランドについても，一定の傾向がある．図 7.3 では，「ヱビスビール」と「ザ・プレミアム・モルツ」が多くのブランドに対して好ましい競争コンテ

図 7.2 好ましくない競争コンテクスト効果（下位 5%）：ビール系飲料

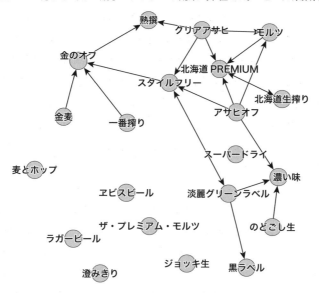

図 7.3 好ましい競争コンテクスト効果（上位 5%）：ビール系飲料

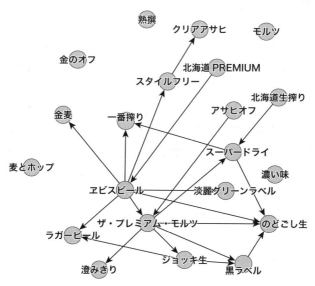

クスト効果を与えており,しかも競争コンテクスト効果を与えてしまうブランドが,ほとんどすべて競合他社のブランドとなってしまっている。まさに,競合他社にとっては,「ヱビスビール」と「ザ・プレミアム・モルツ」はマーケティング戦略資源であると言える。そして,これら競争関係を含め,複数の競合ブランドに対して好ましい競争コンテクスト効果を与えているブランドは,ほとんどが酒税法上の「ビール(いわゆるプレミアムビールも含む)」であり,それを享受しているブランドは,多くは発泡酒または新ジャンルの競合ブランドとなっている。

次に,マーケティング競争に対するブランドそのものの感受性と影響力を,$\alpha_{j|k}$ の事前構造として仮定した ϕ_j と,ψ_j で明らかにしていきたい。図7.4は,$\alpha_{j|k}$ の事前パラメータである ϕ_j, ψ_j の事後平均値をプロットしたものである。この値についても,$\psi_J = 0$ という制約をおいているため,事後平均値の相対的な大きさで検討する必要がある。

図7.4は,左側にあるブランドほど,競争に対して「脆弱」であり,下側にあるブランドほど,競争に対して「攻撃的」であることを示している。つまり,右側にあるブランドほど,刺激としての競合ブランドに対して逐次的に考慮集合を構成する選択代替案となることで,選好を向上させることができる,競争を積極的に享受すべきブランドであるということである。また,上側にあるブランドほど,先行して考慮集合を構成する選択代替案となることで,新たな考慮集合を構成する選択代替案となるブランドの選好を向上させてしまう,競合ブランドに好ましい影響を与えるブランドであるということになる。

図7.4の右上には,「ビール(いわゆるプレミアムビールも含む)」ブランドが点在しており,調査対象としたブランドの中でも,とくにブランド選好度が高いものばかりである。右上にプロットされているこれらブランドは,刺激ブランドとしても対象ブランドとして

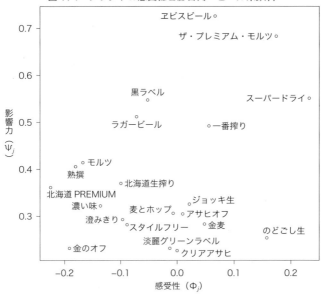

図 7.4　ブランドの感受性と影響力：ビール系飲料

　も，好ましい競争コンテクスト効果が競合ブランドとの間に潜んでいるブランドである。つまり，対象ブランドであれば，競合ブランドを好ましいマーケティング戦略資源とすることができるため，競争を積極的に享受することが望ましい。しかし，刺激ブランドであれば，他の対象ブランドに対しても好ましい競争コンテクスト効果を与えてしまうことになるため，競合ブランドのマーケティング戦略資源とならないように，競争を回避することが望ましいといえる。

　一方で左下には，「発泡酒・新ジャンル」ブランドが集中しており，相対的に低価格でブランド選好度が低いものが多い。左下にプロットされているこれらブランドは，右上にプロットされているブランドとは，真逆の特性をもつブランドである。これらのブランドは，対象ブランドであれば，他の刺激ブランドから好ましくない競争コンテクスト効果を受けることになるため，競争を回避するべきである。しかし，刺激ブランドであれば，他の対象ブランドに対し

表 7.2　消費者知識と消費者属性：ビール系飲料

Γ	切片 β_{i0}	消費者選好 β_{i1}
切片	−0.968	0.168
性別	−0.055	0.002
年齢	−0.000	−0.014
主観的知識	0.010	−0.003
客観的知識	**−1.403**	**0.377**
主観的知識×精通性	0.223	0.003
客観的知識×精通性	0.140	−0.059

て好ましくない競争コンテクスト効果を与えることもできる。

▶ **競争コンテクスト効果：消費者異質性**

　ここでは，消費者 i の異質性 β_{i0} および β_{i1} について説明する。各パラメータの事後平均値について，β_{i0} は消費者間の平均値が −1.57，標準偏差 0.40 であり，β_{i1} は消費者間の平均値が 0.31，標準偏差 0.11 であった。また，パラメータ間には −0.36 と負の相関関係があった。

　次に，消費者 i ごとに推定されるパラメータ β_{i0} および β_{i1} を説明する事前構造について考察する。表 7.2 は，パラメータ Γ の推定結果である。太字になっている数値は 5%HPD が 0 を含まなかったものであり，下線の引いてある数値は 10%HPD が 0 を含まなかったものである。表 7.2 が示すように，消費者知識や消費者属性（性別と年齢）は，刺激ブランドに対する消費者選好に対して，全体的に影響を及ぼさないことがわかる。それでも，客観的知識のみに影響を確認することができた。切片のパラメータに対しては負の値を示しており，刺激ブランドに対する消費者選好のパラメータに対しては正の値を示している。つまり，ビール系飲料について正確な情報をもち，刺激ブランドの選好が高い消費者ほど，好ましい競争コンテクスト効果をもつということである。

3 [分析結果2] チョコレート菓子市場

▶ モデル比較

本節では,ビール系飲料と同様に,チョコレート菓子についての分析結果を考察していく。まずはモデルの全体的な適合度を検証する。表7.3は,ビール系飲料と同様に提案モデルと3つの対立モデルについて算出した適合度指標の結果である。

表7.3に示されているように,いずれの指標も提案モデルが最も優れた適合度となった。つまり,ブランド間の競争関係は必ずしも対称的ではなく,ビール系飲料と同様に,刺激ブランド j が考慮集合を構成する選択代替案となる場合,逐次的に対象ブランド k が選択代替案として考慮されることで,対象ブランド k に対する選好が向上したとしても,その逆も同様であるとは断言できないということである。

▶ 競争コンテクスト効果:集計レベル

図7.5は,横軸に刺激なし選好の平均値,縦軸に刺激付き選好の平均値をとった散布図である。ビール系飲料と同様に,刺激なし選好は回答者全員の平均値であるが,刺激付き選好の平均値は,ビール系飲料の場合と同様の計算方法で算出している。またこれもビール系飲料と同様に,図中にある45度線よりも下に離れているほど,刺激ブランドに対して対象ブランドが好ましくない競争コンテクスト効果を受けていることを示し,45度線よりも上に離れているほど,刺激ブランドに対して対象ブランドが好ましい競争コンテクス

表7.3 モデル比較:チョコレート菓子

	消費者知識 消費者属性	競争コンテクスト効果	対数周辺尤度	対数BF	DIC
対立モデル1	×	非対称	−87911.1	2202.2	177224.6
対立モデル2	○	×	−89022.0	3313.1	178333.6
対立モデル3	○	対称	−87146.7	1437.8	175904.2
提案モデル	○	非対称	−85708.9		173162.4

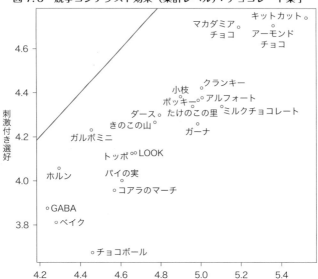

図7.5 競争コンテクスト効果（集計レベル）：チョコレート菓子

ト効果を受けていることを示している。

　図7.5からもわかるように，すべてのチョコレート菓子ブランドは，一般に他ブランドによる刺激をされることで選好が低下するという傾向を見てとることができる。この傾向は，図7.1で示したビール系飲料と比較しても強いことがわかる。また，これもビール系飲料と同様に，刺激なし選好と刺激付き選好の間には，非常に強い正の相関関係があることも見てとれる（$r=0.904$）。

▶ **競争コンテクスト効果：ブランド異質性**

　前項の集計結果をふまえて，競争コンテクスト効果 $\alpha_{j|k}$ の推定結果を考察していきたい。提案モデルでは，ビール系飲料と同様に，識別性を満たすために $\alpha_{21}=0$ という制約をおいているため，事後平均値の相対的な大きさで検討していく。

　図7.6は，事後平均値が下位5%以下の好ましくない競争コンテクスト効果を示すものである。図7.7は，事後平均値が上位5%以

図 7.6 好ましくない競争コンテクスト効果（下位 5％）：チョコレート菓子

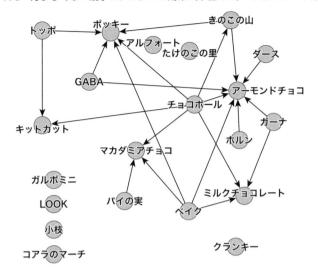

図 7.7 好ましい競争コンテクスト効果（上位 5％）：チョコレート菓子

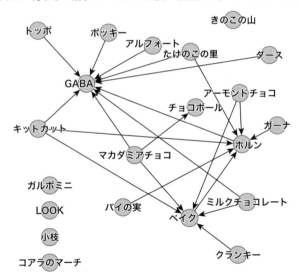

第 7 章 複数時点の競争に潜むチャンスをつかまえる 167

上の好ましい競争コンテクスト効果を示すものである。

図7.6と図7.7を比較して考察できることは，多くのブランドから好ましくない競争コンテクスト効果を受けているブランドと，多くのブランドから好ましい競争コンテクスト効果を受けているブランドがあるということである。図7.6では，「アーモンドチョコ」「マカダミアチョコ」「ポッキー」「ミルクチョコレート」が多くのブランドから好ましくない競争コンテクスト効果を受けていることがわかる。これら競争関係も含めて，好ましくない競争コンテクスト効果が潜む関係は，ブランド選好度が高いものに集中していることがわかる。

また，好ましい競争コンテクスト効果を与えるブランドについても，一定の傾向がある。図7.7では，「GABA」「ホルン」「ベイク」が多くのブランドから好ましい競争コンテクスト効果を受けており，これらブランドも含めて，好ましい競争コンテクスト効果を享受しているブランドは，特定のブランドに集中していることがわかる。

次に，マーケティング競争に対するブランドそのものの感受性と影響力を，$\alpha_{j|k}$ の事前構造として仮定した ϕ_j と，ψ_j で明らかにしていきたい。図7.8は，ビール系飲料と同様に，左側にあるブランドほど，競争に対して「脆弱」であり，下側にあるブランドほど，競争に対して「攻撃的」であることを示している。

ここで注目したいことは，図7.8の右下と左上にブランドが集中しているということである。つまり，右下にあるブランドは，対象ブランドであれば，競合ブランドを好ましいマーケティング戦略資源とすることができるため，競争を積極的に享受することが望ましい。加えて，刺激ブランドであれば，他の対象ブランドに対して好ましくない競争コンテクスト効果を与えることができるため，最も競争をマーケティング戦略資源として享受すべきブランドであるといえる。

反対に，左上にあるブランドは，最も競争を回避すべきブランド

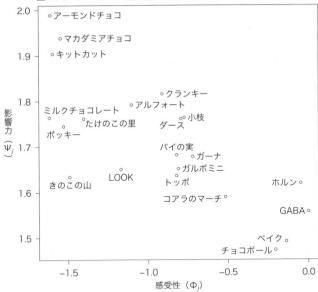

図7.8 ブランドの感受性と影響力：チョコレート菓子

であるといえる。なぜならば，対象ブランドであれば，好ましくない競争コンテクスト効果を与えられ，刺激ブランドであれば，対象ブランドに対して，好ましい競争コンテクスト効果を与えてしまうからである。

▶ **競争コンテクスト効果：消費者異質性**

消費者 i の異質性 β_{i0} および β_{i1} について考察していく。各パラメータの事後平均値について，β_{i0} は消費者間の平均値が-0.27，標準偏差 0.31 であり，β_{i1} は消費者間の平均値が 0.005，標準偏差 0.092 であった。相関係数を計算したところ 0.42 であり，ビール系飲料とは反対に正の相関関係がある。

次に，消費者 i ごとに推定されるパラメータ β_{i0} および β_{i1} を説明する事前構造について考察する。表7.4は，パラメータ Γ の推定結果である。太字になっている数値は5%HPDが0を含まなかっ

表7.4 消費者知識と消費者属性：チョコレート菓子

Γ	切片 β_{j0}	刺激ブランド選好 β_{j1}
切片	**1.383**	−0.022
性別	**−0.212**	**0.040**
年齢	**−0.418**	0.010
主観的知識	0.018	0.004
客観的知識	0.546	−0.089
主観的知識×精通性	−0.271	0.101
客観的知識×精通性	0.574	−0.040

たものである。表7.4が示すように、ビール系飲料と異なり、消費者知識は、刺激ブランドに対する消費者選好に対して、全体的に影響を及ぼさないことがわかる。それでも、性別のみに影響を確認することができる。性別は、切片のパラメータに対して負の値を示しており、刺激ブランドに対する消費者選好のパラメータに対して正の値を示している。つまり、女性で、刺激ブランドの選好が高い消費者ほど、好ましい競争コンテクスト効果をもつということである。

4 ディスカッション──逐次決定的な消費者選択行動に潜む競争コンテクスト効果のメカニズム

本章では、マーケティング競争に潜む競争コンテクスト効果を「先立ってブランド k が考慮されることで引き起こされるブランド j に対する選好の変化」としてとらえている。つまり、「特定のブランド k の購買機会において、それが入手不可能だったときに、別のブランド j をどの程度購入したいと考えるか」という、選択対象が強制的に変更される中（強制遷移下）での逐次決定的な消費者選択行動を仮定している。回答者に対して、一度はブランド k の選択機会において、ブランド k に対する選好を形成させたうえで、ブランド j に対する選好を形成させていることから、刺激ブランドの「プライミング効果」とも考えられる影響を検討している。本章の

分析結果を見ると，ビール系飲料，チョコレート菓子ともに，ある一定の傾向があることを確認することができる。

一般に，刺激ブランドとして対象ブランドに好ましい競争コンテクスト効果を与える多くのブランドは，ブランド選好度が高い，あるいは相対的に高価格であるということである。反対に，刺激ブランドとして対象ブランドに好ましくない競争コンテクスト効果を与える多くのブランドは，ブランド選好度が高くない，あるいは相対的に低価格である。このような考察が得られた背景として，ここではプライミング効果との関連性に注目して，以下の2つの可能性を検討したい。

1つは，「認知的なアクセス容易性」である。プライミング効果は，認知的なアクセス容易性（刺激ブランドと対象ブランドの類似性）が高いほど，その影響が大きいことが知られている。本章では，とくに同一の製品カテゴリー内における競争コンテクスト効果を検証している。つまり，基本的に認知的なアクセス容易性は高い状況であることから，刺激ブランドが相対的にブランド選好度や価格が高ければ，そのコンテクストが，ポジティブに対象ブランドに転移する「同化効果」の可能性は十分に考えられる。ただし，筆者らの研究においても検証されているが，認知的なアクセス容易性が高ければ，常に刺激ブランドは対象ブランドに良い影響を及ぼすわけではなく，当該製品カテゴリーに対する消費者知識との関連性も考慮しなければならない[4]。つまり，第3章で詳述したように，認知的なアクセス容易性がネガティブに影響を及ぼしてしまう「訂正対比効果」の可能性も留意しなければならないのである。

もう1つは，認知的なアクセス容易性が高いことから，刺激ブランドの「内的参照価格」が対象ブランドに対する選好を形成する際に影響を及ぼしている可能性である。つまり，刺激ブランドの購入を検討している状況下では，もちろん刺激ブランドの選好を形成する際に内的参照価格が想起されている可能性があるため，対象ブランドの選好を形成する際の留保価格が，相対的に高価格である刺激

ブランドの内的参照価格となっている可能性が考えられるのである。すなわち，相対的に低価格である対象ブランドの選好を形成する際に，刺激ブランドとの内的参照価格差が割安感を引き起こし，このことが対象ブランドの選好度を向上させている可能性が考えられるのである。同様に，相対的に低価格であるブランドが刺激ブランドとなったときは，対象ブランドの選好を形成する際に割高感が引き起こされ，このことが対象ブランドの選好度を低下させている可能性が考えられるのである。ただし，第4章でも詳細なリサーチ・デザインの解説をしているが，「刺激付き選好」の測定においては，明確に価格を提示してはいないため，回答者が各ブランドの内的参照価格を形成し，それが対象ブランドの選好を形成する際の留保価格となったかどうかについては，さらなる検証が必要となる。

5 まとめ──逐次決定的な消費者選択行動における競争コンテクスト効果

　本章では，逐次決定的な消費者選択行動（考慮集合を構成する選択代替案の競争関係に時間的前後関係）を想定し，その競争に潜む競争コンテクスト効果を明らかにしてきた。さらに，本章では，競争コンテクスト効果を規定するブランドと消費者の異質性についても検討してきた。その結果，やはり前章で検証してきた同時決定的な消費者選択行動とは異なる競争コンテクスト効果が明らかになった。つまり，本書で一貫して述べてきたことだが，マーケティング競争をどのようにとらえるべきかは，まさにマーケティング戦略を構築するうえで，最重要課題といっても過言ではないほど，企業は注意を払わなければならないことが検証された。そこで，終章では，本書の総括として，いかにマーケティング競争を理解し，「脱コモディティ化戦略としての競争コンテクスト効果」をマーケティング戦略の策定に適用していくかについて議論していきたい。

[終章]

どんなに競争の激しい市場にも必ずチャンスは潜んでいる

脱コモディティ化戦略としての競争コンテクスト効果

▶ はじめに

　本書では，狂騒的マーケティング競争によるコモディティ化への対応として，消費者選択行動という「競争の瞬間」に焦点を当て，消費者が直面する2つの選択機会からマーケティング競争を再考し，脱コモディティ化のためのチャンスを検討してきた。そして，競争の瞬間に潜むチャンスとして，競争コンテクスト効果というコンセプトを提示し，競争そのものが企業またはマーケターにとって，マーケティング戦略資源となりうることを議論してきた。本章では，本書を通じて議論してきたことを総括し，脱コモディティ化戦略として，どのように競争コンテクスト効果をマーケティング戦略に活用すべきかについて検討していきたい。

1　本書の貢献

　本書には，大きく3つの貢献がある。まず本節では，それぞれの貢献について改めて総括したい。

▶ マーケティング競争の再考

　第1の貢献は，「マーケティング競争」を再考したことである。本書では，一貫してマーケティング競争をどのように理解するのかが，競争を勝ち抜くためには，最も重要な姿勢であることを主張してきた。昨今の狂騒的なマーケティング競争からも理解できるように，競争は，企業にとって何よりも脅威となる存在であり，マーケティング戦略の至上命題は，基本的に競争を回避することであった。しかし，序章で詳述したように，半永久的に回避することのできる競争など存在しない。いつだって，競争の果てに企業がたどり着く場所は，コモディティ化した市場である。

　そんなマーケティング競争の中にも潜むチャンスを見出すために，本書では，消費者選択行動という「競争の瞬間」に注目した。そして，その瞬間をとらえるために，消費者が直面する2つの選択機会

を焦点とした。1つは，一時点の選択機会における同時決定的な消費者選択行動である。本書では，このような消費者の選択機会における競争の瞬間をとらえる概念として，考慮集合という「競争の場」を想定することで，新たな「競争の姿」を明らかにしてきた。

　もう1つは，複数時点の選択機会における逐次決定的な消費者選択行動である。こちらについても，考慮集合という「競争の場」を想定しながらも，ブランド・ロイヤルティやバラエティ・シーキングといった概念を考慮することで，また異なった「競争の姿」を明らかにしてきた。

▶ 競争コンテクスト効果

　第2の貢献は，「競争コンテクスト効果」というコンセプトを提示したことである。本書では，マーケティング競争を再考することで，競争コンテクスト効果という存在が競争には潜んでいることを明らかにしてきた。つまり，競争は必ずしも当該ブランドにとって脅威となる存在ではなく，時には競争を享受することで，当該ブランドにとっては，むしろその競争が好ましい結果を導いてくれることを示唆してきた。

　本書では，第6章と第7章の実証分析の結果を中心に，競争がマーケティング戦略資源となることを示してきた。たとえば，第6章では，一時点の選択機会における同時決定的な消費者選択行動を想定し，ビール系飲料では，酒税法上の分類を超えて，一企業で製造・販売しているブランド間に競争コンテクスト効果が潜んでいることがわかった（図6.8, 147頁）。また，チョコレート菓子についても，一企業のブランド間に互恵的な競争コンテクスト効果があることが明らかになった（図6.6, 145頁）。第7章では，これら調査対象により適切なマーケティング競争の姿として，複数時点の選択機会における逐次決定的な消費者選択行動を想定した。そして，ビール系飲料では，特定のブランドが他の競合ブランドに対して，好ましい競争コンテクスト効果を与えていることがわかった（図7.3,

161頁)。反対に，チョコレート菓子では，特定のブランドが他の競合ブランドから，好ましい競争コンテクスト効果を享受していることが明らかになった（図7.7，168頁）。

　もちろん，反対に，マーケティング競争を回避することが好ましいブランドの関係も多々あった。つまり，本書は，これまでに提示されてきた競争回避戦略のすべてを否定するものでもない。本書で主張したいことは，ブランドを取り巻く競争のすべてを避けるのではなく，マーケティング競争を「回避すべき相手」と「享受すべき相手」を特定することの有効性である。そして，競争を「享受すべき相手」をマーケティング戦略資源とすることで，脱コモディティ化へのチャンスを見出そうとしているのである。

▶ マーケティング戦略資源としての競争コンテクスト効果

　第3の貢献は，第3章で提示したプロポジションに応えるものである。以下では，それぞれのプロポジションに対して，具体的な分析結果をもって応えていきたい。

(1) 当該ブランドに対する消費者選好および選択確率に好ましい競争コンテクスト効果を与えるマーケティング戦略資源（競合ブランド）を特定（享受）することができる。

　図終.1は，本書の第6章と第7章の分析結果を統合したものである。ここでは，自分が「淡麗グリーンラベル」のマーケターになったつもりで，ビール系飲料市場について検討していると想定していただきたい。横軸は一時点の選択機会における同時決定的な競争コンテクスト効果を示し，縦軸は複数時点の選択機会における逐次決定的な競争コンテクスト効果を示している[1]。0を基準に4つの象限がある。

　右上（第1象限）と左上（第2象限）にあるブランドは，逐次決定的な消費者選択行動において，「淡麗グリーンラベル」にとって好

図終.1 マーケティング戦略資源としての競争コンテクスト効果：
　　　　一例（ビール系飲料：淡麗グリーンラベル）

ましい競争コンテクスト効果を与えるブランドである。つまり，「淡麗グリーンラベル」よりも先行して，これらのブランドを考慮集合を構成する選択代替案とした消費者は，「淡麗グリーンラベル」に対する消費者選好が向上することを示唆している。また，右上（第1象限）と右下（第4象限）にあるブランドは，同時決定的な消費者選択行動において，「淡麗グリーンラベル」にとって好ましい競争コンテクスト効果をもたらすブランドである。つまり，「淡麗グリーンラベル」とこれらのブランドを，同時に考慮集合を構成する選択代替案とした消費者は，「淡麗グリーンラベル」に対する消費者選好が向上することを示唆している。

　このように，図終.1 の第1, 2, 4 象限にある競合ブランドを考察することによって，「淡麗グリーンラベル」にとっては，むしろマーケティング戦略資源として，競争を享受したほうがよい競合ブランドを特定することができるのである。

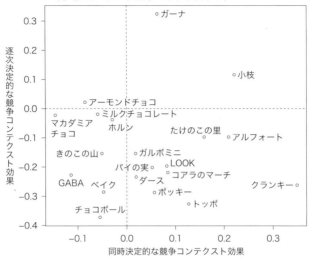

図終.2 マーケティング戦略資源としての競争コンテクスト効果：
一例（チョコレート菓子：キットカット）

(2) 当該ブランドに対する消費者選好および選択確率に好ましくない競争コンテクスト効果を与える非マーケティング戦略資源（競合ブランド）を特定（回避）することができる。

　図終.2は，チョコレート菓子市場における「キットカット」についてまとめたものであり，図終.1で示していることと同様である。ここでは，自分が「キットカット」のマーケターになったつもりで，チョコレート菓子市場について検討していると想定していただきたい。たとえば，右下（第4象限）にある「クランキー」は，同時決定的な消費者選択行動におけるマーケティング競争においてのみ，マーケティング戦略資源として競争を享受したほうが好ましいブランドである。

　このように，好ましい競争コンテクスト効果を享受することができる競合ブランドが存在する一方で，左下（第3象限）にある競合ブランドは，いかなるマーケティング競争においても回避すべきブ

ランドとなる。つまり，同時決定的または逐次決定的な消費者選択行動においても，考慮集合を構成する選択代替案となることで，「キットカット」に対する消費者選好が低下してしまうということを示唆しているのである。

このように，図終.2の第3象限にある競合ブランドを考察することによって，「キットカット」にとって，競争を回避したほうがよい競合ブランドを特定することができるのである。

(3) そして，<u>狂騒的マーケティング競争が展開されるコモディティ化市場において，競争コンテクスト効果をマーケティグ戦略に包含していくことで，当該ブランドにとってより好ましいマーケティング競争を展開（脱コモディティ化）</u>することができる。

図終.1と図終.2では，本書の調査対象となったビール系飲料とチョコレート菓子それぞれから1ブランドを代表して考察したが，もちろんすべてのブランドに対して，異なった脱コモディティ化戦略としての競争コンテクスト効果を特定することができる。また，本書で提案したモデルを適用すれば，どんなマーケティング競争の市場においても，ブランドごとに異なった処方箋（脱コモディティ化戦略）を提示することができる。提示することができる処方箋の分類は，図終.3に示すとおりである。

つまり，右上（第1象限）にある競合ブランドに対しては，いかなるマーケティング競争であっても享受することが脱コモディティ化戦略となる。一方で，左下（第3象限）にある競合ブランドに対しては，いかなるマーケティング競争であっても回避することが好ましいであろう。

また，左上（第2象限）にある競合ブランドに対しては，当該ブランドが，同時決定的な消費者選択行動において，考慮集合を構成する選択代替案となる可能性があるならば，競争を可能な限り回避することが好ましいであろう。反対に，逐次決定的な消費者選択行

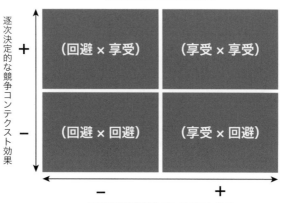

図終.3　競争コンテクスト効果による脱コモディティ化戦略

動において，考慮集合を構成する選択代替案となる可能性があるならば，競争を積極的に享受することが脱コモディティ化戦略となる。

そして，右下（第4象限）にある競合ブランドに対しては，当該ブランドが，同時決定的な消費者選択行動において，考慮集合を構成する選択代替案となる可能性があるならば，競争を享受することが脱コモディティ化戦略となる。反対に，逐次決定的な消費者選択行動において，考慮集合を構成する選択代替案となる可能性があるならば，競争を回避することが好ましいであろう。

このように，本書では，脱コモディティ化戦略のための指針となる処方箋を企業に提示することができる。しかし，最も重要なことは，処方箋を受け取る企業のマーケティング競争に対する認識である。なぜならば，図終.3が示すように，本書で提示できる処方箋には，2つのマーケティング競争に対する視座が必要になってくる。つまり，マーケティング競争をどのように理解するのかが，マーケティング戦略資源となる競合ブランド（競争コンテクスト効果）を決定していくのである。このことは，どんな課題に直面する企業にと

っても，そしていつの時代でも，市場が企業に問いかける永遠の課題なのかもしれない。

2 脱コモディティ化のためのマーケティング戦略

　本節では，脱コモディティ化戦略として，競争コンテクスト効果をどのようにマーケティング戦略資源として活用していけばいいのかについて，同時決定的な消費者選択行動の場合と，逐次決定的な消費者選択行動の場合，それぞれのマーケティング競争を想定した一例を示したい。

▶ 同時決定的な消費者選択行動における戦略的示唆

　本書の第6章の研究成果は，同時決定的な消費者選択行動を想定したマーケティング競争に対して，脱コモディティ化戦略の一例を示すことができる。

　序章でも紹介したように，コンビニエンス・ストアの品揃えは，業界最大手のセブン-イレブンでも，わずか約2800品目である。そこに，昨今の「セブンプレミアム」などに代表されるプライベート・ブランド（PB）商品の席巻によって，同じ製品カテゴリーで陳列できるナショナル・ブランド（NB）は2〜3品目と限られるようになった。NBにとってはあまりにも厳しい状況だが，このように品揃えが限定され，考慮集合を構成する選択代替案が少数である場合，消費者は同時決定的に考慮集合を構成するブランドを選択している可能性が考えられる。つまり，ドラッグストアやスーパーマーケットなどのように品揃えが豊富であれば，逐次決定的な消費者選択行動によって購買されるブランドが決められるかもしれないが，品揃えが限定されてくるからこそ，消費者の情報処理能力の範疇において，同時決定的な消費者選択行動によるマーケティング競争が起こるチャンスが潜んでいるとも考えられる。第6章の実証分析では，PBを1つの選択代替案として包含しなかったが，NBにとっ

ては脅威であったPBが同時決定的に考慮集合を構成する選択代替案となることで、NBにとっては好ましい競争コンテクスト効果を生み出してくれる可能性は十分に考えられる。つまり、PBがNBにとってのマーケティング戦略資源となるのである。

また、第6章の分析結果では、ビール系飲料とチョコレート菓子については、一企業で製造・販売しているブランド間で、直接的あるいは間接的に互恵的な競争コンテクスト効果が潜んでいることが明らかになった。つまり、あえてブランド間での競争を促進することで、好ましい競争コンテクスト効果を生み出す、同時決定的な消費者選択行動によるマーケティング競争を設計することも有効だと考えられる。最近では、マーケティング・コミュニケーションの手法として、複数のブランドのプロモーションを1つのクリエイティブで訴求する事例が増えてきている。その一例が、いわゆる「あなたはどっち派？」キャンペーンである。

たとえば、明治が「アーモンドチョコ」と「マカダミアチョコ」に対してキャンペーンを展開している[2]。また、それ以前からも、明治では「きのこの山」と「たけのこの里」についても、同様のキャンペーンを展開している。このように、あえて自社で製造・販売しているブランド間でマーケティング競争を設計することで、互恵的な競争コンテクスト効果を生み出すことも有効であろう。興味深いことに、第6章の分析結果（図6.6、145頁）から考察できることだが、「アーモンドチョコ」と「マカダミアチョコ」、「きのこの山」と「たけのこの里」は、互恵的な競争コンテクスト効果によって、双方の選択確率を向上させることに成功している。このような競争コンテクスト効果が潜むマーケティング競争を特定できれば、意図的にブランド間で競争させるようなマーケティング・コミュニケーション戦略が考えられるであろう。

もちろん、このような戦略的示唆は、ビール系飲料やチョコレート菓子に限ったことではない。たとえば、ディスティネーション・

マーケティングにも適用することができる。ディスティネーション・マーケティングとは，観光目的地に対する消費者選択行動が主眼となるマーケティング領域である。

　九州旅客鉄道（JR九州）では，九州の主要な観光地2カ所を取り上げたキャンペーンを展開している。7年ぶりに復活した2014年度のキャンペーンでは，「大分」と「鹿児島」の魅力を競い合うキャンペーン[3]を，5回目のキャンペーンとなった2015年度には「長崎」と「熊本」でキャンペーンを展開しており，関連旅行商品の購入者が約15％上積みできると見込まれている[4]。

　主に九州外の消費者にとって，九州の観光地を検討する場合，距離はもとより各県のイメージも重複していることから，九州内の観光地に関する選択問題は，コモディティ化した状況にある。また，九州への旅行を検討する場合，一度の旅行で「大分」と「鹿児島」，「長崎」と「熊本」といったように，複数の県を訪問することを検討する消費者は少なく，双方の観光地は，排他的に選択されることが多い。つまり，双方の観光地にとっては，片方が選ばれれば，もう片方は選ばれないという競争的な状況である。

　このようなコモディティ化した競争においては，あえて考慮集合を構成する選択代替案として双方の観光地を意識させることで，結果的には双方の選択確率（観光入込客数）を高めることができる可能性が考えられる。九州全域に路線網をもつJR九州としては，これら2つの観光地が互恵的に双方の選択確率を高めることができれば，追加的な収益を見込むことができる。このように，さまざまな市場に対する戦略的示唆として，競争コンテクスト効果を同時決定的な消費者選択行動によるマーケティング競争に応用させることができるだろう。

▶ **逐次決定的な消費者選択行動における戦略的示唆**

　本書の第7章の研究成果は，逐次決定的な消費者選択行動を想定したマーケティング競争に対して，脱コモディティ化戦略の一例を

示すことができる。

　ここでは,読者ご自身の購買行動を思い出していただきたい。たとえば,商品棚に数多くのブランドが陳列されているビール系飲料やチョコレート菓子を買いに行こうと,いざ商品棚の前に立ったときに,私たちはすべてのブランドを一度に検討することはない。実際は,無意識にでも1つずつブランドを認識し,購買するブランドを検討していく。このような消費者の購買行動は,アイトラッキング技術によって測定が試みられており,当該ブランドに注視した時間や検討された順番に関する情報が,近年では商品陳列の設計に活用されている[5]。こうしたアイトラッキング技術の成果として,「Zの法則」がある[6]。

　「Zの法則」とは,消費者が商品棚に陳列されているブランドを認識していく順序に関する法則である。消費者の視線は,多くの場合,まさに「Z」字を描くように,商品の陳列棚を左上から右上にかけて移動し,そこから左下へ,そして右下へと移動していくことが明らかになってきている。つまり,消費者はZ字を描くように視線を移動させ,逐次的に考慮集合を構成するブランドを選択しているということである。つまり,どのブランドが考慮集合を構成する選択代替案となるかは消費者によってもちろん異なるが,消費者は,無意識にでも逐次決定的な消費者選択行動に基づいてブランドを検討しているということである。

　たとえば,第7章の分析結果(図7.2と図7.3,161頁)を活用すれば,ビール系飲料においては,「淡麗グリーンラベル」は「ヱビスビール」から好ましい競争コンテクスト効果を受けているが,「濃い味」「黒ラベル」に対して好ましくない競争コンテクスト効果を与えている。つまり,ここから「淡麗グリーンラベル」をビール系飲料の商品棚で,どのように陳列すれば選択確率が向上するかがわかる。「淡麗グリーンラベル」の選択確率を向上させるには,「Zの法則」から逐次決定的な消費者選択行動において「淡麗グリーンラベル」に好ましい競争コンテクスト効果を与えてくれる「ヱビス

ビール」を左側に陳列し，好ましくない競争コンテクスト効果を与えることができる「濃い味」か「黒ラベル」を右側に陳列することが，「淡麗グリーンラベル」のマーケターにとっては，最も好ましいマーケティング競争を設計することになるのである。

　もちろん，このような戦略的示唆は，先述したディスティネーション・マーケティングでも考えることができる。日本全国には，「小京都」と呼ばれる観光地が多数点在している。小京都とは，室町時代以降，各地の大名が京都を真似た町づくりをし，京都に似た古い町並みや風情が残っている地域の愛称である。「全国京都会議」という団体が，小京都を呼称できる基準（京都に似た自然と景観があること，京都との歴史的なつながりがあること，伝統的な産業と芸能があることのいずれか1つ以上に該当）を定めており，秋田県の角館（仙北市）から鹿児島の知覧町まで全国47市町村が，小京都としてディスティネーション・マーケティングに取り組んでいる。

　この「小京都」を付したディスティネーション・マーケティングは，まさに「京都」という選択代替案を先立って消費者に意識させることで，本来の観光目的地となる地域に好ましい競争コンテクスト効果を与えるような構図となっている。このことは，第7章で議論したこと（ブランド選好度が高い，あるいは相対的に高価格であるものを刺激ブランドとすれば，対象ブランドには好ましい競争コンテクスト効果が与えられる傾向にある）が自然と反映されているディスティネーション・マーケティングとなっている。

　全国的にまだまだ知名度が低く，消費者がその地域のイメージを事前に形成することが難しいコモディティ化した競争においては，あえて先行して考慮集合を構成する選択代替案として相対的に当該地域よりも知名度も高く，地域イメージが好ましい観光地を意識させることで，結果的には当該地域の観光入込客数を高めることができる可能性が考えられる。このように，さまざまな市場に対する戦略的示唆として，競争コンテクスト効果を逐次決定的な消費者選択

行動によるマーケティング競争に応用させることができるのである。

3 おわりに

　本書は，コモディティ化市場へと誘う狂騒的なマーケティング競争を回避することが，あまりにも難しくなってきたこの時代に，脱コモディティ化のための新たな戦略を見出すことを目的としてきた。そして，本書では一貫して，いかにマーケティング競争を理解すべきかが，競争を勝ち抜くためには，最も重要な姿勢であることを伝え続けてきた。その中で注目したのが，「マーケティング戦略資源」という視点であった。本書では，狂騒的な競争の中にも潜むマーケティング戦略資源として，「競争コンテクスト効果」というコンセプトを提示してきた。

　本書で示してきた「競争コンテクスト効果」は，競争に潜む1つのマーケティング戦略資源にすぎない。本書を書き終えてもなお，コモディティ化に直面している企業の周りには，競争コンテクスト効果以外に，まだまだ発掘されていないマーケティング戦略資源が，数多く埋もれていることを筆者らは確信している。近年注目されているビッグデータも，その1つであることは間違いないだろう。まだまだ企業には，狂騒的マーケティング競争の中で，競争優位を確立する余地はある。どんなに競争の激しい市場にも必ずチャンスは潜んでいる。そんなマーケティングの未来へ希望を抱きながら，また新たなマーケティング戦略資源を発掘する研究へと邁進することを今後の研究課題として，本書の総括としたい。

●●● **注** ●●●

▶ **序　章**

1) 「スマホがデジタル機器を侵食　デジカメ・音楽プレーヤー減少続く反転，付加価値カギ」『日本経済新聞』2013 年 1 月 11 日付朝刊。
2) McGrath (2013).
3) 「(経営の視点) 相次ぐセブン専用商品　狭い棚が変える PB ルール」『日本経済新聞』2015 年 5 月 25 日付朝刊。
4) 「『金城湯池』押さえろ，コンビニ，寡占の時代，売上高 10 兆円突破，14 年度調査，他業種と融合進む」『日経流通新聞』2015 年 7 月 22 日付。
5) 「駆け出し記者のなんでだろう!?　コンビニ，早い商品サイクル」『日経流通新聞』2014 年 6 月 13 日付。
6) 「(経営の視点) 相次ぐセブン専用商品　狭い棚が変える PB ルール」『日本経済新聞』2015 年 5 月 25 日付朝刊。
7) 「第 36 回コンビニエンスストア調査──NB，期間限定で安く，根強い消費者の節約志向，値引き・ポイント絡め販促」『日経流通新聞』2015 年 7 月 22 日付。
8) 「花王，セブン専用商品の深謀」『日経ビジネス』2015 年 4 月 20 日号：10-11。
9) 「花王，セブン専用商品の深謀」『日経ビジネス』2015 年 4 月 20 日号：10-11。
10) 「『セブンの棚』争奪戦激化，日本コカ，専用商品続々，販売力圧倒も『門戸閉ざさず』」『日済流通新聞』2015 年 4 月 17 日付。
11) 「花王，セブン専用商品の深謀」『日経ビジネス』2015 年 4 月 20 日号：10-11。
12) 「花王，セブン専用商品の深謀」『日経ビジネス』2015 年 4 月 20 日号：10-11。
13) Alderson (1937) は，マーケティング分野における最も歴史ある学術雑誌である *Journal of Marketing* の第 1 巻 (3 号) に掲載されている論文であり，マーケティング研究の初期から，競争が研究上かなり重要な位置づけを占めていたことがわかる。また，Alderson (1937) では，マーケティング競争を「共通の環境における相互依存的な目的を探索する有機体間に存在する関係の集合」と定義している。
14) Day and Wensley (1983), Oxenfeldt and Moore (1978).
15) Weitz (1985).
16) 本節は，西本 (2015) を加筆・修正。
17) 当時，コーヒーを販売する日本最大のチェーンであった日本マクドナルド

は年間販売3億杯であった。
18) 「コンビニコーヒー7億杯　今年度販売量　100円台で女性・シニアも支持」『日本経済新聞』2013年11月23日付朝刊,「乱戦コーヒー（上）攻めるコンビニ「缶」守勢,セブン年間4.5億杯」『日本経済新聞』2013年12月10日付朝刊.
19) 「コンビニコーヒー3割増,大手5社,今年度19億杯に,セブンがアイスラテ,成長維持へ新商品」『日本経済新聞』2015年5月8日付朝刊.
20) 2015年6月は,セブン-イレブンが江崎グリコと共同開発したアイスカフェラテを180円で発売したため,ローソンはアイスカフェラテを150円に値下げし,ファミリーマートは,シャーベット状のフラッペを新たに2種類投入した.
21) 「2014年ヒット予測ランキング&2013年ヒット商品ベスト30」『日経TRENDY』2013年12月号：82.
22) 「缶コーヒー,ボトルで反攻,コンビニいれたてと競う,伊藤園,タリーズと高級品　ダイドー,世界のレシピ再現」『日本経済新聞』2014年6月21日付朝刊,「ボトル缶でコンビニ対抗,コーヒーで飲料大手,利便性と香りアピール」『日経流通新聞』2015年5月13日付.
23) 「缶コーヒー,品質で反撃　飲料大手,相次ぎ増産,コンビニコーヒーに対抗」『日本経済新聞』2014年11月11日付朝刊.
24) 「缶コーヒー,苦肉の「PB」,日本コカ,セブンに供給,棚確保へ共同ブランド」『日本経済新聞』2015年4月4日付朝刊,「コンビニコーヒー3割増,大手5社,今年度19億杯に,セブンがアイスラテ,成長維持へ新商品」『日本経済新聞』2015年5月8日付朝刊.
25) 「『インスタント』名称変更　ネスレ日本,業界団体脱退　新製法巡り溝埋まらず」『日本経済新聞』2014年7月23日付朝刊.
26) 「ネスレ,コーヒーマシン　無償で50万件,20年までに3倍,長距離トラックや高齢者施設に設置　専用の粉販売で稼ぐ」『日本経済新聞』2014年8月28日付朝刊.
27) 「乱戦コーヒー（下）カフェ大手に異変,もう価格では戦えない」『日本経済新聞』2013年12月11日付朝刊,「UCC,1杯1000円の専門店,キーコーヒー,ホテルに特選豆,高級コーヒーに力注ぐ,コンビニと一線画す」『日本経済新聞』2015年1月21日付朝刊.
28) 「2014年ヒット予測ランキング&2013年ヒット商品ベスト30」『日経TRENDY』2013年12月号：82.
29) コモディティ化については,製品開発論や競争戦略論,そしてマーケティング戦略論を中心に,多くの研究分野において今日的課題として注目されている（青木2011；Davenport 2005；藤川2006；Heil and Helsen 2001；池尾2012；伊藤2005, 2007；栗木2009；楠木2006；楠木・阿久津2006；Matthys-

sens and Vandenbempt 2008；延岡 2006；Olson and Sharma 2008；恩蔵 2006, 2007；Reimann *et al.* 2010；榊原・香山 2006)。そのため，コモディティ化の定義についても各研究分野で異なっているのが現状である（小川 2011)。そこで本書におけるコモディティ化の定義については，マーケティング競争の結果としてのコモディティ化を意識した定義としている。もちろん，これまでの他分野も含めた定義と比較しても齟齬があるものではなく，むしろ包括的な定義を試みている。

30) Christensen (1997).
31) 実際，セブン-イレブンはコンビニ・コーヒーの導入に 30 年以上前の 1980 年代前半から合計 4 回にわたって挑戦したが，いずれも成功はしなかった。考えられる理由の 1 つとして，当時はまだまだ缶コーヒーが市場では受け入れられており，新製法による缶コーヒー（持続的技術）を発売しても，消費者がきちんとブランド間の違いを理解できていたからだと考えられる。しかし，次々と開発される新製法で缶コーヒーが発売されるようになって，消費者の理解が及ぶ範囲を超えてしまい，5 度目の挑戦となったセブンカフェ（破壊的技術）が消費者に受け入れられる機会となったと考えられる。
32) Christensen and Raynor (2003).
33) 楠木 (2006) では，Christensen (1997) と Christensen and Raynor (2003) で言及されたコモディティ化のプロセスを「価値次元の可視性」という概念で明らかにしている。そして，コモディティ化の原因を，価値次元の可視性に影響を与える 4 つの要因（特定可能性，測定可能性，価値の普遍性，価値の安定性）から多面的に明らかにしている。
34) Moon (2005).
35) Moon (2010).
36) ここで言及している差別化とは製品拡張（product augmentation）のことであり，製品拡張には「付加型拡張（augmentation-by-addition)」と「増殖型拡張（augmentation-by-multiplication)」がある。前者は，歯磨きが虫歯予防という便益から口臭予防，歯周病予防，そしてホワイトニング等へと従来の便益に新しい便益が付加されていく製品拡張のことである。後者は，缶コーヒーがオリジナルのレギュラーからブラック，シュガーレス，糖分控えめ，カフェオレ等へと，従来の便益から多数の種類の製品が生じる製品拡張のことである（小川 2011)。
37) 平敷 (2007) でも，「競争がある以上，コモディティ化は従来からある普遍的な問題であるが，コモディティ化が進行するスピードが飛躍的に速くなっている」と，Moon (2010) と類似した見解を示している。
38) Christensen and Raynor (2003) では，Kim and Mauborgne (2005) で提唱されることになる「バリュー・イノベーション（value innovation)」についても，すでにコモディティ化の先送りにしかすぎないことを指摘している（小川

2011)．

39) Carnegie (1948).
40) Moon (2010).
41) 本書の方向性は，藤川（2006）や楠木（2006）で言及されている，マーケティング競争によるコモディティ化を自ら牽引し，その最前線に立つコモディティ化戦略と類似した立場の戦略提案である。しかし，コモディティ化戦略は，規模の経済性に基づくコスト・リーダシップを確立できる非常に限定的な企業への戦略示唆であるのに対して，本書は，マーケティング競争に直面しているすべてのマーケターに示唆を与えることができる戦略提案であり，研究コンセプトの一般性や適用可能性が広範囲にわたるところに，本書の貢献がある。

▶ 第1章
1) 本書における消費者選択行動とは，「購入意思決定の場における商品もしくはブランドの選択行動」である（中西 1998）。
2) この分類は，Day et al. (1979) および Elrod and Keane (1995) に従う。井上（2003）では，競争市場構造分析モデルをインプットであるデータではなく，アウトプット（競争市場構造の把握）に基づいて検討すべきことを指摘しているが，本書では競争市場構造における消費者選択行動を類型化することが目的であるため，消費者選択行動データに基づいた競争市場構造分析モデルについて検討している。
3) 本章では，消費者選択行動と競争市場構造分析モデルを同時に議論していくわけだが，これら研究分野が統合されていったのは，1980年代であると考えられる。中西（1998）によると，消費者選択行動に関する研究は，Luce (1959) に代表される数理心理学の研究成果が消費者行動研究に移植され始めたのを契機として，1960年代の計量的モデルによるアプローチが起源とされている。しかし，1960年代の終盤には多属性態度モデルが脚光を浴び，その後1970年代には，認知心理学をベースとした消費者情報処理理論が消費者行動研究における主流となり，ロジット型（またはMCI型）のマーケット・シェア・モデルを除いて，消費者行動研究におけるブランド選択問題への関心は低下し，1980年代の終盤までにはロジット型（またはMCI型）のマーケット・シェア・モデルについても研究の発展が収束していくこととなっていく。そこで登場したのが，1980年代に著しい研究発展を遂げた競争市場構造分析である。そして，競争市場構造分析の研究分野では，消費者選択行動に基づく競争市場構造への関心が高まっていくことになったのである。
4) Day et al. (1979).
5) 判断データ（judgmental data）とは，消費者のブランド選好の程度をブランド間の代替性（substitutability）と類似性（similarity）に基づいて測定したものである（Fraser and Bradford 1983, 1984）。

6) 行動データ（behavioral data）とは，消費者日記やスキャナー・パネル・データ（POS データ）など，実際の消費者選択行動を記録したものである（Fraser and Bradford 1983, 1984）。
7) たとえば，近年その活用が期待されているビッグデータでいえば，店頭の購買履歴データは行動データであり，SNS を中心としたインターネット上のコミュニケーションデータは判断データである。これらデータは，それぞれ異なる特徴をもつが，多様な選択機会における消費者の選択行動を明らかにするために，今日のビッグデータ分析において，有機的に用いられている。
8) 一時点の選択機会を想定した考慮集合に関する先行研究がほとんどであるが，過去の選択機会が考慮集合の形成に及ぼす影響に注目したものもある。
9) 考慮集合という概念は，Howard (1963) によって想起集合（evoked set）という名称で提唱され，Bettman (1979) や Brisoux and Laroche (1980), Narayana and Markin (1975), Wright and Barbour (1977) などによって発展してきた概念であり，今日に至るまで多数の先行研究が存在する。
10) Hauser and Wernerfelt (1990).
11) Baker et al. (1986), Belonax and Javalgi (1989), Brisoux and Cheron (1990), Johnson and Lehmann (1997).
12) 新倉(1998), Ratneshwar and Shocker (1991), Ratneshwar et al. (1996), Shocker et al. (1991).
13) Chakravarti and Janiszewski (2003), Paulssen and Baggozzi. (2005).
14) Brisoux and Laroche (1980).
15) Shocker et al. (1991).
16) Howard (1963).
17) Shapiro (1999), Shapiro et al. (1997) も，この見解を支持している。
18) Andrews and Srinivasan (1995), Chiang et al. (1998), 勝又・阿部 (2012), Nierop et al. (2010), Siddarth et al. (1995).
19) 井上 (1996b) によると，Chintagunta (1992, 1994), Cooper (1988), Cooper and Inoue (1996), DeSarbo and Manrai (1992), DeSarbo and Rao (1986), Elrod (1988), Elrod and Keane (1995), Fraser and Bradford (1983), Harshman et al. (1982), Hauser and Shugan (1983), 井上 (1996a), Kannan and Wright (1991), Katahira (1990), 中西 (1990), Novak (1993), 小川(1990), Ramaswamy and DeSarbo (1990), Rao and Sabavala (1981), Shugan (1987) などが，競争空間に基づく競争市場構造分析モデルに注目した先行研究として挙げられている。
20) DeSarbo and Hoffman (1987), DeSarbo et al. (1996).
21) Dick and Basu (1994), Jacoby and Kyner (1973), Jacoby and Chestnut (1978).
22) Cunningham (1956).
23) Kahn et al. (1986).

24) Massy *et al.* (1970).
25) Dick and Basu (1994).
26) ブランド・コミットメントとは，当該ブランドに対する消費者態度を測定するための概念である。
27) Bass *et al.* (1972), Hoyer and Ridgway (1984), McAlister and Pessemier (1982), van Trijp *et al.* (1996).
28) バラエティ・シーキングがブランド・ロイヤルティとは正反対の概念（特定ブランドに対する消費者の反復購買 vs. 非反復購買）としてとらえることができるのは，あくまでも消費者選好の顕在化された結果として，消費者選択行動を想定した場合に限る。バラエティ・シーキングについても，ブランド・コミットメント概念や消費者の最適刺激水準（optimal stimulation level）を考慮すれば，このような限定的な解釈にとどめておくことはできない（Hoyer and Ridgway 1984; van Trijp *et al.* 1996）。
29) McAlister and Pessemier (1982).
30) このような複数ニーズが想定される理由は，McAlister and Pessemier (1982) では，あくまでも世帯レベル（household level）のバラエティ・シーキングを想定しているからである。
31) 交差弾力性は，ブランドAの価格変化量に対するブランドBの需要変化量の比であり，あるブランドの価格が変化したときに他のブランドの需要がどの程度変化するかを示す指標である。これが0でないとき，そのブランド間には何らかの関係（代替関係または補完関係）があるといえる。なお，価格弾力性について詳しくは第3章を参照。
32) 井上 (1996b) によると，Allenby (1989), Bucklin and Srinivasan (1991), Bucklin *et al.* (1995), Carpenter *et al.* (1987), Cooper (1988), Cooper and Nakanishi (1988), Kamakura and Russell (1989), Kannan and Wright (1991), Russell (1992), Russell and Bolton (1988), Russell and Kamakura (1994), Russell *et al.* (1993), Zenor and Srivastava (1993) などが，代替性に基づく競争市場構造分析モデルに注目した先行研究として挙げられている。
33) こちらも井上 (1996b) によると，Colombo and Morrison (1989), Grover and Dillon (1985), Grover and Srinivasan (1987, 1989), 井上 (1992, 1996a), 井上・中西 (1990), Jain *et al.* (1990), Kalwani and Morrison (1977), Kannan and Sanchez (1994), Kumar and Sashi (1989), McCarthy *et al.* (1992), Novak (1993), Novak and Stangor (1987), 小川 (1990), Urban *et al.* (1984) などが，ブランド・スウィッチングに基づく競争市場構造分析モデルに注目した先行研究として挙げられている。

▶ 第2章
1) ここで，前章で示したマーケティング競争をとらえる2つの選択機会を思い

出していただきたい。本章では，分析事例1が基本的な競争市場構造分析を紹介する一例となっており，分析事例2が同時決定的な消費者選択行動を，分析事例3が逐次決定的な消費者選択行動に注目した競争市場構造分析の一例となっている。

2) 「マーケティング情報パック（Mpac）」ホームページ http://www2.fgn.jp/mpac/

▶ 第3章

1) 消費者選択行動は状況依存的であることを仮定する立場を「コンティンジェンシー・アプローチ」という（Bettman 1986；新倉 2001；Payne 1982）。
2) マーケティング研究の大家であるフィリップ・コトラーは，日本経済新聞にて，「実は行動経済学は『マーケティング』の別称にすぎない」と述べている（「私の履歴書　マーケティング学者フィリップ・コトラー氏：感謝　経済的繁栄，多くの人に」『日本経済新聞』2013年12月31日付朝刊）。
3) Johnson and Puto (1987).
4) Simon (1947).
5) 新倉 (1997, 1998, 2001, 2005) による研究を踏襲している。
6) Huber and Puto (1983), Huber et al. (1982), Ratneshwar et al. (1987).
7) Simonson (1989), Simonson and Tversky (1992), Wernerfelt (1995).
8) Luce (1959) による IIA (Independence From Irrelevant Alternatives；無関係な代替案からの独立) 仮定をおいた選択公理とは，代替案 (A, B) のシェアが (p_A, p_B) であったとき，新たに代替案 C が加えられ，シェア (p_A^*, p_B^*, p_C^*) となったとき，$p_A : p_B = p_A^* : p_B^*$ の関係が保持されるという仮説である。この仮説のもとでは，魅力効果を説明することはできない。
9) 一例として，Ratneshwar et al. (1987) や Stewart (1989) では，妥協効果が成立しない選択機会の分析結果を提示している。
10) Huber et al. (1986).
11) Heil and Montgomery (2001).
12) Nam and Sternthal (2008).

▶ 第4章

1) Brisoux and Laroche (1980), Shocker et al. (1991).
2) Bettman and Sujan (1987), Johnson and Russo (1984), Peracchio and Tybout (1996), Rao and Monroe (1988), Sujan (1985).
3) Alba and Hutchinson (1987, 2000).
4) Brucks (1985).
5) Anderson et al. (1979), Bettman and Park (1980), Johnson and Russo (1984).

6) 新倉（2012）.
7) Lichtenstein and Fischhoff (1977), Park and Lessig (1981).
8) Brucks (1985), Park and Lessig (1981).
9) 長期記憶とは，ほぼ無限の記憶容量をもち，半永久的に情報が貯蔵される記憶システムのことである。
10) Park *et al.* (1994).
11) Raju *et al.* (1995), Rudell (1979).
12) Park *et al.* (1994).
13) Cordell (1997).
14) Brucks (1985), Cowley and Mitchell (2003), Moorman *et al.* (2004).
15) Ellen (1994).
16) Carlson *et al.* (2009).
17) Brucks (1985), Moorman *et al.* (2004).
18) 考慮集合を構成する選択代替案として，いずれのブランドも考慮しないという回答を許容したが，考慮集合サイズが 0 だった回答者はいなかった。
19) ビールとクッキーに関する考慮集合のサイズについては，Hauser and Wernerfelt (1990), p. 394 Exibit と p. 405 Figure B を参照。また，日本市場におけるチョコレート菓子の年間新製品発売数は，海外市場と比較しても，かなり多く，考慮集合サイズが先行研究よりも大きくなってしまったことも妥当だと考えられる。
20) 消費者知識の各構成概念は，すべての測定項目の得点を平均した後に，それを最大得点で除し，最大値1かつ0以上の値となるようにしている。精通性と主観的知識については，全測定項目で最小値1を回答した消費者でも最大値で除しても0にはならない。しかし，客観的知識はクイズ形式であるため，全問不正解となる可能性がある。客観的知識の測定において，実際に全問不正解の回答者がいたので，最小値0となっている。最大値はいずれも1となっている。

▶ 第5章
1) 本章では，分析モデルとその背景を説明するために，とくに第2節では，数式を多く用いている。結果と考察に関心がある方は，はじめから読み進めてすべての数式を理解する必要はない。結果の図表と考察を主に読んでいただいても大意をつかむことはできるので，適宜飛ばして読み進めていただければ幸いである。
2) ただし，観測された標本に0はなかった。
3) 一般化線形モデルについては，久保（2012）を参照。
4) 説明変数間の相関関係が強い場合，得られる推定値が不安定になることがある。これを多重共線性という。

5) Manski (1977).
6) Andrews and Srinivasan (1995), Chiang et al. (1998).
7) Nierop et al. (2010).
8) ただし，ブランドごとに考慮集合に含まれる確率を推定してしまうと，空集合が発生してしまう可能性がある．その場合は，最も考慮集合を構成する確率が高いブランドは，たとえ潜在変数が閾値を超えていなくても考慮集合に含まれるという制約を与えるなどの方法がある．ただし，本節ではこのような処理は行わない．
9) このような潜在変数を推定する方法は，Albert and Chib (1993) によって，Tanner and Wong (1987) の方法を応用する形で提示されている．
10) これらの事後分布と推定方法の詳細については，勝又・西本（2015）の第3節を参照されたい．また，シミュレーションの概要として，まず，モデルの事前分布については，$\alpha_j \sim N(a_0, s_0^2), j = 1, \cdots, J, \delta_q \sim N_K(d_0, \Sigma_0), q = 1, \cdots, Q, \lambda_{jq} \sim N(g_0, v_0^2), j = 1, \cdots, J, q = 1, \cdots, Q$ としており，本節ではそれぞれのパラメータについて，$a_0 = 0, s_0^2 = 100, d_0 = \mathbf{0}, \Sigma_0 = 100 \times I_K, g_0 = 0, v_0^2 = 100$ とおく．すべてのモデルについて，MCMC イテレーションの回数は1万5000回行い，はじめの1万回を棄て，後の5000回をサンプルとして取得している．初期値については，$z_{ij}^* = z_{ij}, \alpha_j = 0, \Lambda = O_{J \times Q}, \Delta = O_{Q \times L}$ とおいているが，因子得点については $f_i \sim N_Q(0, I_Q)$ となるような乱数を発生させて初期値としている．
11) 本分析では，第4章で詳述した調査Bのデータを用いている．
12) ベイズファクターの判定基準については，勝又・西本（2015）の第6節を参照されたい．
13) $p\%$HPD（Highest Posterior Density Interval）は $p\%$ 最高事後密度区間といい，分布の密度が高いところから $(100-p)\%$ 分の区間をとった集合である．単峰対称な分布であれば信用区間や信頼区間とほぼ等しくなる．解釈としては $(100-p)\%$ 有意水準と同じようにとらえて差し支えない．HPD の細かい定義や算出方法については，たとえば Chen et al. (2000) を参照されたい．
14) 本分析では，第4章で詳述した調査Cのデータを用いている．

▶ 第6章

1) 本章で定義している選択確率はロジット型であるが，もちろんプロビット型の関数によって選択確率を定義することも可能である．
2) Cooper (1988), Kamakura and Russell (1989).
3) これらの研究で提示されている vulnerability（脆弱性）／clout（攻撃力）は交差弾力性から算出される指標であり，好ましい影響を与え合う競争関係は想定されていない．一方で，本書で提示する「感受性」および「影響力」は，マーケティング競争において他ブランドから受ける好ましい影響や，他ブランド

に与える好ましい影響も想定している。
4) 推定の詳細な設定については，勝又・西本（2015）の第 4 節を参照のこと。また，シミュレーションの設定は以下のとおりである。事前分布としては，$\alpha_{j,-j} \sim N_{J-1}(a_0, A_0)$，$\beta_j \sim N_K(b_0, B_0)$，$\sigma_j^2 \sim Ga(s_0/2, S_0/2)$，$\phi_j \sim N(p_0, v_{\phi 0}^2)$，$\psi_j \sim (q_0, v_{\psi 0}^2)$，$v^2 \sim Ga(\omega_0/2, \Omega_0/2)$ とおく。各事前分布のパラメータは，$a_0 = \mathbf{0}$，$A_0 = 100I_K$，$b_0 = \mathbf{0}$，$B_0 = 100I_K$，$s_0 = S_0 = K + J$，$p_0 = q_0 = 0$，$v_{\phi 0}^2 = v_{\psi 0}^2 = 100$，$\omega_0 = \Omega_0 = 2J$ とおいた。また，すべてのモデルについて，MCMC イタレーションの回数は 1 万 5000 回行い，はじめの 1 万回を棄て，後の 5000 回をサンプルとして取得している。初期値については，$\alpha_{j,-j} = \mathbf{0}$，$\beta_j = \mathbf{0}$，$\sigma_j^2 = 1$，$\phi_j = 0$，$\psi_j = 0$，$v^2 = 1$ とおく。
5) これらのモデル比較指標の算出方法については，勝又・西本（2015）の第 6 節を参照。
6) Train（2003）．
7) プロビット・モデルについては，MCMC 法を用いた推定法に関する研究が多く提示されている。たとえば，Imai and van Dyk（2005），McCulloch *et al.*（2000），McCulloch and Rossi（1994）などがある。
8) #(・) は括弧内の集合の要素数を示す。

▶ 第 7 章

1) Herr（1989），Nam and Sternthal（2008），Yi（1993）．
2) 必要な制約や事後分布などの詳細な情報については，勝又・西本（2015）の第 5 節を参照されたい。シミュレーションの詳細な設定は以下のとおりである。パラメータの事前分布として，$\alpha_{j|k} \sim N(a_0, s_{a0}^2)$，$(\beta_{i0}, \beta_{i1})' = \beta_i \sim N_2(b_0, B_0)$，$\sigma^2 \sim Ga(s_0/2, S_0/2)$，$\phi_j \sim N(p_0, v_{\phi 0}^2)$，$\psi_j \sim (q_0, v_{\psi 0}^2)$，$v^2 \sim Ga(\omega_0/2, \Omega_0/2)$，$\Gamma \sim N_{2 \times L}(\Gamma_0, Q, R_0)$，$Q \sim W(\tau_0, T_0)$ とおく。各事前分布のパラメータは，$b_0 = \mathbf{0}$，$B_0 = 100I_\alpha$，$s_0 = S_0 = \alpha + J(J-1)$，$p_0 = q_0 = 0$，$v_{\phi 0}^2 = v_{\psi 0}^2 = 100$，$\omega_0 = \Omega_0 = 2J$，$\Gamma_0 = O_{2 \times L}$，$R_0 = 100I_L$ とおいた。また，すべてのモデルについて，MCMC イタレーションの回数は 1 万 5000 回行い，はじめの 1 万回を棄て，後の 5000 回をサンプルとして取得している。初期値については，$\alpha_{j|k} = 0$，$\beta_i = \mathbf{0}$，$\sigma^2 = 1$，$\phi_j = 0$，$\psi_j = 0$，$v^2 = 1$，$\Gamma = O_{2 \times L}$，$Q = I_2$ とおく。
3) これらモデル比較指標の算出方法については，勝又・西本（2015）の第 6 節を参照。
4) 西本ほか（2016，近刊）．

▶ 終 章

1) 「同時決定的な競争コンテクスト効果」は，第 6 章で得られた「感受性」パラメータであり，「逐次決定的な競争コンテクスト効果」は第 7 章で得られた

「感受性」パラメータである。また，第 7 章については，ベースラインとして，個人別パラメータの β_{i0}, β_{i1} の平均値 $\bar{\beta}_0, \bar{\beta}_1$ と平均的な刺激ブランドの選好度 ($y_{ik} = 4$) を仮定し，$\bar{\beta}_0 + \bar{\beta}_1 y_{ik}$ を加えている。

2) あなたは赤黒どっち派？キャンペーン (http://www.meiji.co.jp/sweets/chocolate/almond/cmp/open150324/)。なお，本キャンペーンは 2015 年 6 月 30 日に終了している。

3) 「大分・鹿児島どっち好き？JR 九州，鉄道利用客が勝敗決定」『日本経済新聞』2014 年 8 月 30 日付朝刊。

4) 「長崎 vs. 熊本，観光魅力対決キャンペーン JR 九州」『日本経済新聞』2015 年 8 月 20 日付朝刊。

5) 「興味を引いた店内商品分析，DNP メディアクリエイト，効果的な陳列・販促提案」『日経産業新聞』2011 年 5 月 2 日付朝刊，「店頭の問題点発見　大日印，脳波・視線チェック　被験者募集　商品販促を支援」『日経産業新聞』2012 年 3 月 14 日付朝刊，「アイトラッキング，消費者の瞳企業熱視線，大日印，アイシン」『日経産業新聞』2013 年 5 月 8 日付朝刊。

6) 「ショッパー心理を探れ，消費者と区別，店頭での購買者，日本コカや P&G」『日経流通新聞』2010 年 2 月 12 日付朝刊。

参考文献一覧

◆ 日本語文献

青木幸弘 (2011),「顧客価値のデザインとブランド構築——脱コモディティ化のための戦略構図」, 青木幸弘編著『価値共創時代のブランド戦略——脱コモディティ化への挑戦』ミネルヴァ書房:17-51。

池尾恭一 (2012),「製品コモディティ化の需要側面」,『東京経大学会誌:経営学』274:11-26。

伊藤宗彦 (2005),「デジタル機器産業における価格低下の要因分析——なぜ旺盛な需要下でコモディティ化が起こるのか?」,『国民経済雑誌』192 (3):25-39。

伊藤宗彦 (2007),「製品価格変動に対する品質推移の影響」,『国民経済雑誌』195 (6):83-98。

井上哲浩 (1992),「異質性を伴った競合グループ識別モデルの一システム:MIGHT」,『マーケティング・サイエンス』1 (1・2):12-37。

井上哲浩 (1996a),「競争市場構造, 消費者選好構造, マーケティング・ミックス効果を統合した離散選択モデル」,『商学論究』43 (2・3・4):135-160。

井上哲浩 (1996b),「消費者行動研究と競争市場構造分析研究のリンケージおよび消費者行動研究の今後の展開への期待」,『消費者行動研究』4 (1):41-60。

井上哲浩 (2003),「競争市場構造分析モデルの現状」,『オペレーションズ・リサーチ:経営の科学』48 (5):373-379。

井上哲浩・中西正雄 (1990),「異質性を組み入れた競争市場構造分析」,『マーケティング・サイエンス』35:9-17。

小川長 (2011),「コモディティ化と経営戦略」,『尾道大学経済情報論集』11 (1):177-209。

小川孔輔 (1990),「スイッチング・マップ——消費者パネル・データを用いたブランド診断システム」,『経営志林』27 (1):45-65。

恩蔵直人 (2006),「コモディティ化市場における市場戦略参入の枠組み」,『組織科学』39 (3):19-26。

恩蔵直人 (2007),『コモディティ化市場のマーケティング論理』有斐閣。

勝又壮太郎・阿部誠 (2012),「代替案の絞り込み過程を組み込んだブランド選択行動分析」,『オペレーションズ・リサーチ:経営の科学』57 (2):53-62。

勝又壮太郎・西本章宏 (2015),「競争市場構造分析のための諸手法」,『経営と経済』, 95 (1・2):163-196。

楠木建 (2006),「次元の見えない差別化——脱コモディティ化の戦略を考える」,『一橋ビジネスレビュー』53 (4):6-24。

楠木建・阿久津聡（2006），「カテゴリー・イノベーション――脱コモディティ化の論理」，『組織科学』39（3）：4-18。

久保拓弥（2012），『データ解析のための統計モデリング入門――一般化線形モデル・階層ベイズモデル・MCMC』岩波書店。

栗木契（2009），「コモディティ化はいかに回避されるのか？」，『国民経済雑誌』199（3）：53-70。

榊原清則・香山晋（2006），『イノベーションと競争優位――コモディティ化するデジタル機器』NTT出版。

中西正雄（1990），「競合マップ分析の一般化」，『商学論究』38（2）：89-104。

中西正雄（1998），「消費者選択行動のニュー・ディレクションズ」，中西正雄編著『消費者選択行動のニュー・ディレクションズ』関西学院大学出版会：3-29。

新倉貴士（1997），「選択における選択肢の在り方――消費者の選択行動とカテゴリー化の関係」，『商学論究』45（2）：59-81。

新倉貴士（1998），「選択状況におけるカテゴリー化――消費者の選択行動とカテゴリー化概念」，『マーケティングジャーナル』71：27-37。

新倉貴士（2001），「カテゴリー化概念と消費者の選択行動――選択における選択肢の在り方」，阿部周造編著『消費者行動研究のニュー・ディレクションズ』関西学院大学出版会：85-126。

新倉貴士（2005），『消費者の認知世界――ブランドマーケティング・パースペクティブ』千倉書房。

新倉貴士（2012），「情報処理の能力」，青木幸弘・新倉貴士・佐々木壮太郎・松下光司『消費者行動論――マーケティングとブランド構築への応用』有斐閣：185-208。

西本章宏（2015），「コモディティ化時代のマーケティング戦略――狂騒から協奏的マーケティング競争へ」，『季刊イズミヤ総研』103：6-16。

西本章宏・勝又壮太郎・本橋永至・石丸小也香・高橋一樹（2016，近刊），「脱コモディティ化のためのカテゴリー・プライミング戦略――消費者の支払意向額に対するプライミング効果とその調整要因」『流通研究』18（1）。

延岡健太郎（2006），「意味的価値の創造――コモディティ化を回避するものづくり」，『国民経済雑誌』194（6）：1-14。

藤川佳則（2006），「脱コモディティ化のマーケティング――顧客が語れない潜在需要を掘り起こす」，『一橋ビジネスレビュー』53（4）：66-78。

平敷徹男（2007），「脱コモディティ化のマーケティング戦略――成熟市場における関係性の構築について」，『りゅうぎん調査』451：7-16。

◆ **外国語文献**

Alba, J. W. and J. W. Hutchinson (1987), "Dimensions of Consumer Expertise," *Journal of Consumer Research*, 13 (4) : 411-454.

Alba, J. W. and J. W. Hutchinson (2000), "Knowledge Calibration: What Consumers Know and What They Think They Know," *Journal of Consumer Research*, 27 (2) : 123-156.

Albert, J. H., and S. Chib (1993), "Bayesian Analysis of Binary and Polychotomous Response Data," *Journal of the American Statistical Association*, 88 (422) : 669-679.

Alderson, W. (1937), "A Marketing View of Competition," *Journal of Marketing*, 1 (3) : 189-190.

Allenby, G. M. (1989), "A Unified Approach to Identifying, Estimating and Testing Demand Structures with Aggregate Scanner Data," *Marketing Science*, 8 (3) : 265-280.

Anderson, R. D., J. L. Engledow and H. Becker (1979), "Evaluating the Relationships among Attitude Toward Business, Product Satisfaction, Experience, and Search Effort," *Journal of Marketing Research*, 16 (3) : 394-400.

Andrews, R. L. and T. C. Srinivasan (1995), "Studying Consideration Effects in Empirical Choice Models Using Scanner Panel Data," *Journal of Marketing Research*, 32 (1) : 30-41.

Baker, W., J. W. Hutchinson, D. Moore and P. Nedungadi (1986), "Brand Familiarity and Advertising: Effects on the Evoked Set and Brand Preference," *Advances in Consumer Research*, 13 (1) : 637-642.

Bass, F. M., E. A. Pessemier and D. R. Lehmann (1972), "An Experimental Study of Relationships between Attitudes, Brand Preference, and Choice," *Behavioral Science*, 17 (6) : 532-541.

Belonax, Jr., J. J. and R. G. Javalgi (1989), "The Influence of Involvement and Product Class Quality on Consumer Choice Sets," *Journal of the Academy of Marketing Science*, 17 (3) : 209-216.

Bettman, J. R. (1979), *An Information Processing Theory of Consumer Choice*, Rading: MA, Addison Wesley.

Bettman, J. R. (1986), "Consumer Psychology," *Annual Review of Psychology*, 37 : 257-289.

Bettman, J. R. and C. W. Park (1980), "Effects of Prior Knowledge and Experience and Phase of the Choice Process on Consumer Decision Processes: A Protocol Analysis," *Journal of Consumer Research*, 7 (3) : 234-248.

Bettman, J. R. and M. Sujan (1987), "Effects of Framing on Evaluation of Comparable and Noncomparable Alternatives by Expert and Novice Consumers," *Journal of Consumer Research*, 14 (2) : 141-154.

Brisoux, J. E. and E. J. Cheron (1990), "Brand Categorization and Product-Involvement," *Advances in Consumer Research*, 17 (1) : 101-109.

Brisoux, J. E. and M. Laroche (1980), "A Proposed Consumer Strategy of Simplification for Categorizing Brands," in J. D. Summey and R. D. Taylor eds., *Evolving Marketing Thought for 1980*, Carbondale: IL, Southern Marketing Association: 112-114.

Brucks, M. (1985), "The Effects of Product Class Knowledge on Information Search Behavior," *Journal of Consumer Research*, 12 (1) : 1-16.

Bucklin, R. E., S. Gupta and S. Han (1995), "A Brand's Eye View of Response Segmentation in Consumer Brand Choice Behavior," *Journal of Marketing Research*, 32 (1) : 66-74.

Bucklin, R. E. and V. Srinivasan (1991), "Determining Interbrand Substitutability through Survey Measurement of Consumer Preference Structures," *Journal of Marketing Research*, 28 (1) : 58-71.

Carlson, J. P., L. H. Vincent, D. M. Hardesty and W. O. Bearden (2009), "Objective and Subjective Knowledge Relationships: A Quantitative Analysis of Consumer Research Findings," *Journal of Consumer Research*, 35 (5) : 864-876.

Carnegie, D. (1948), *How to Stop Worrying and Start Living*, New York: Simon and Schuster.

Carpenter, G. S., L. G. Cooper, D. M. Hanssens and D. F. Midgley (1987), "Modeling Asymmetric Competition," *Marketing Science*, 7 (4) : 393-412.

Chakravarti, A. and C. Janiszewski (2003), "The Influence of Macro-Level Motives on Consideration Set Composition in Novel Purchase Situations," *Journal of Consumer Research*, 30 (2) : 244-258.

Chen, M. H., Q. M. Shao and J. G. Ibrahim (2000), *Monte Carlo Methods in Bayesian Computation*, New York: Springer.

Chiang, J., S. Chib and C. Narasimhan, (1998), "Markov Chain Monte Carlo and Models of Consideration Set and Parameter Heterogeneity," *Journal of Econometrics*, 89 (1-2) : 223-248.

Chintagunta, P. K. (1992), "Estimating a Multinomial Probit Model of Brand Choice Using the Method of Simulated Moments," *Marketing Science*, 11 (4) : 386-407.

Chintagunta, P. K. (1994), "Heterogeneous Logit Model Implications for Brand Positioning," *Journal of Marketing Research*, 31 (2) : 304-311.

Christensen, C. M. (1997), *The Innovator's Dilemma: When New Technologies Cause Great Firms to Fail*, Boston: MA, Harvard Business School Publishing.

Christensen, C. M. and M. E. Raynor (2003), *The Innovator's Solution: Creating and Sustaining Successful Growth*, Boston: MA, Harvard Business School Publishing.

Colombo, R. A. and D. G. Morrison (1989), "A Brand Switching Model with Implications for Marketing Strategies," *Marketing Science*, 8 (1): 89-99.

Cooper, L. G. (1988), "Competitive Maps: The Structure Underlying Asymmetric Cross Elasticities," *Management Science*, 34 (6): 707-723.

Cooper, L. G. and A. Inoue (1996), "Building Market Structures from Consumer Preferences," *Journal of Marketing Research*, 33 (3): 293-306.

Cooper, L. G. and M. Nakanishi (1988), *Market Share Analysis: Evaluating Competitive Marketing Effectiveness*, Boston: MA, Kluwer Academic Publishers.

Cordell, V. V. (1997), "Consumer Knowledge Measures as Predictors in Product Evaluation," *Psychology & Marketing*, 14 (3): 241-260.

Cowley E. and A. A. Mitchell (2003), "The Moderating Effect of Product Knowledge on the Learning and Organization of Product Information," *Journal of Consumer Research*, 30 (3): 443-454.

Cunningham, R. M. (1956), "Brand Loyalty: What, Where, How Much?" *Harvard Business Review*, 34 (January-February): 116-128.

Davenport, T. H. (2005), "The Coming Commoditization of Processes," *Harvard Business Review*, 83 (6): 100-108.

Day, G. S., A. D. Shocker and R. K. Srivastava (1979), "Customer-Oriented Approaches to Identifying Product-Markets," *Journal of Marketing*, 43 (4): 8-19.

Day, G. S. and R. Wensley (1983), "Marketing Theory with a Strategic Orientation," *Journal of Marketing*, 47 (4): 79-89.

DeSarbo, W. S. and D. L. Hoffman (1987), "Constructing MDS Joint Spaces from Binary Choice Data: A Multidimensional Unfolding Threshold Model for Marketing Research," *Journal of Marketing Research*, 24 (1): 40-54.

DeSarbo, W. S., D. R. Lehmann, G. S. Carpenter and I. Sinha (1996), "A Stochastic Multidimensional Unfolding Approach for Representing Phased Decision Outcomes," *Psychometrika*, 61 (3): 485-508.

DeSarbo, W. S. and A. K. Manrai (1992), "A New Multidimensional Scaling Methodology for the Analysis of Asymmetric Proximity Data in Marketing Research," *Marketing Science*, 11 (1): 1-20.

DeSarbo, W. S. and V. R. Rao (1986), "A Constrained Unfolding Methodology for Product Positioning," *Marketing Science*, 5 (1): 1-19.

Dick, A. S. and K. Basu (1994), "Customer Loyalty: Toward an Integrated Conceptual Framework," *Journal of the Academy of Marketing Science*, 22

(2) : 99-113.

Ellen, P. S. (1994), "Do We Know What We Need to Know? Objective and Subjective Knowledge Effects on Pro-Ecological Behaviors," *Journal of Business Research*, 30 (1) : 43-52.

Elrod, T. (1988), "Choice Map: Inferring a Product-Market Map from Panel Data," *Marketing Science*, 7 (1) : 21-40.

Elrod, T. and M. P. Keane (1995), "A Factor-Analytic Probit Model for Representing the Market Structure in Panel Data," *Journal of Marketing Research*, 32 (1) : 1-16.

Fraser, C. and J. W. Bradford (1983), "Competitive Market Structure Analysis: Principal Partitioning of Revealed Substitutabilities," *Journal of Consumer Research*, 10 (1) : 15-30.

Fraser, C. and J. W. Bradford (1984), "Competitive Market Structure Analysis: A Reply," *Journal of Consumer Research*, 11 (3) : 842-847.

Grover, R. and W. R. Dillon (1985), "A Plobabilistic Model for Testing Hypothesized Hierarchical Market Structures," *Marketing Science*, 4 (4), 312-335.

Grover, R. and V. Srinivasan (1987), "A Simultaneous Approach to Market Segmentation and Market Structuring," *Journal of Marketing Research*, 24 (2) : 139-153.

Grover, R. and V. Srinivasan (1989), "An Approach for Tracking Within-Segment Shifts in Market Shares," *Journal of Marketing Research*, 26 (2) : 230-236.

Harshman, R. A., P. E. Green, Y. Wind and M. E. Lundy (1982), "A Model for the Analysis of Asymmetric Data in Marketing Research," *Marketing Science*, 1 (2) : 205-242.

Hauser, J. R. and S. M. Shugan (1983), "Defensive Marketing Strategies," *Marketing Science*, 2 (4) : 319-360.

Hauser, J. R. and B. Wernerfelt (1990), "An Evaluation Cost Model of Consideration Sets," *Journal of Consumer Research*, 16 (4) : 393-408.

Heil, O. P. and K. Helsen (2001), "Toward an Understanding of Price Wars: Their Nature and How They Erupt," *International Journal of Research in Marketing*, 18 (1-2) : 83-98.

Heil, O. P. and D. B. Montgomery (2001), "Introduction to the Special Issue on Competition and Marketing," *International Journal of Research in Marketing*, 18 (1-2) : 1-3.

Herr, P. M. (1989), "Priming Price: Prior Knowledge and Context Effects," *Journal of Consumer Research*, 16 (1) : 67-75.

Howard J. A. (1963), *Marketing Management: Analysis and Planning*, Revised ed., Homewood, IL.: Richard D. Irwin.

Hoyer, W. D. and N. M. Ridgway (1984), "Variety Seeking as an Explanation for Exploratory Purchase Behavior: A Theoretical Model," *Advances in Consumer Research*, 11: 114-119.

Huber, J., M. B. Holbrook and B. Kahn (1986), "Effects of Competitive Context and of Additional Information on Price Sensitivity," *Journal of Marketing Research*, 23 (3): 250-260.

Huber, J., J. W. Payne and C. Puto (1982), "Adding Asymmetrically Dominated Alternatives: Violations of Regularity and the Similarity Hypothesis," *Journal of Consumer Research*, 9 (1): 90-98.

Huber, J. and C. Puto (1983), "Market Boundaries and Product Choice: Illustrating Attraction and Substitution Effects," *Journal of Consumer Research*, 10 (1): 31-44.

Imai, K. and D. A. van Dyk (2005), "A Bayesian Analysis of the Multinomial Probit Model Using Marginal Data Augmentation," *Journal of Econometrics*, 124 (2): 311-334.

Jacoby, J. and R. W. Chestnut (1978), *Brand Loyalty Measurement and Management*, New York: John Wiley & Sons.

Jacoby, J. and D. B. Kyner (1973), "Brand Loyalty Versus Repeat Purchasing Behavior," *Journal of Marketing Research*, 10 (1): 1-9.

Jain, D., F. M. Bass and Y. Chen (1990), "Estimation of Latent Class Models with Heterogeneous Choice Probabilities: An Application to Market Structuring," *Journal of Marketing Research*, 27 (1): 94-101.

Johnson, E. J. and J. E. Russo (1984), "Product Familiarity and Learning New Information," *Journal of Consumer Research*, 11 (1): 542-550.

Johnson, M. D. and D. R. Lehmann (1997), "Consumer Experience and Consideration Sets for Brands and Product Categories," *Advances in Consumer Research*, 24 (1): 295-300.

Johnson, M. D. and C. P. Puto (1987), "A Review of Consumer Judgment and Choice," in M. J. Houston ed., *Review of Marketing 1987*, Chicago, IL: American Marketing Association: 236-292.

Kahn, B. E., M. U. Kalwani and D. G. Morrison (1986), "Measuring Variety-Seeking and Reinforcement Behaviors Using Panel Data," *Journal of Marketing Research*, 23 (2): 89-100.

Kalwani, M. U. and D. G. Morrison (1977), "A Parsimonious Description of the Hendry System," *Management Science*, 23 (5): 467-477.

Kamakura, W. A. and G. J. Russell (1989), "A Probabilistic Choice Model for Market Segmentation and Elasticity Structure," *Journal of Marketing Research*, 26 (4): 379-390.

Kannan, P. K. and S. M. Sanchez (1994), "Competitive Market Structures: A Subset Selection Analysis," *Management Science*, 40 (11): 1484-1499.

Kannan, P. K. and G. P. Wright (1991), "Modeling and Testing Structured Markets: A Nested Logit Approach," *Marketing Science*, 10 (1): 58-82.

Katahira, H. (1990), "Perceptual Mapping Using Ordered Logit Analysis," *Marketing Science*, 9 (1): 1-17.

Kim, W. C. and R. Mauborgne (2005), *Blue Ocean Strategy: How to Create Uncontested Market Space and Make the Competition Irrelevant*, Boston: MA, Harvard Business School Publishing.

Kumar, A. and C. M. Sashi (1989), "Confirmatory Analysis of Aggregate Hierarchical Market Structures: Inferences from Brand-Switching Behavior," *Journal of Marketing Research*, 26 (4): 444-453.

Levitt, T. (1965), "Exploit the Product Life Cycle," *Harvard Business Review*, 43 (6): 81-94.

Lichtenstein, S. and B. Fischhoff (1977), "Do Those Who Know More Also Know More About How Much They Know?," *Organizational Behavior and Human Performance*, 20 (2): 159-183.

Luce, R. D. (1959), *Individual Choice Behavior: A Theoretical Analysis*, New York: John Wiley & Sons.

Manski, C. F. (1977), "The Structure of Random Utility Models," *Theory and Decision*, 8 (3): 229-254.

Massy, W. F., D. B. Montgomery and D. G. Morrison (1970), *Stochastic Models of Buying Behavior*, Cambridge, MA: MIT Press.

Matthyssens, P. and K. Vandenbempt (2008), "Moving from Basic Offerings to Value-Added Solutions: Strategies, Barriers and Alignment," *Industrial Marketing Management*, 37 (3): 316-328.

McAlister, L. and E. Pessemier (1982), "Variety Seeking Behavior: An Interdisciplinary Review," *Journal of Consumer Research*, 9 (3): 311-322.

McCulloch, R. E., N. G. Polson and P. E. Rossi (2000), "A Bayesian Analysis of the Multinomial Probit Model with Fully Identified Parameters," *Journal of Econometrics*, 99 (1): 173-193.

MaCarthy, P. S., P. K. Kannan, R. Chandrasekharan and G. P. Wright (1992), "Eatimating Loyalty and Switching with an Application to the Automobile Market," *Management Science*, 38 (10): 1371-1393.

McCulloch, R. E. and P. E. Rossi (1994), "An Exact Likelihood Analysis of the Multinomial Probit Model," *Journal of Econometrics*, 64 (1-2): 207-240.

McGrath, R. G. (2013), *The End of Competitive Advantage: How to Keep Your Strategy Moving as Fast as Your Business*, Boston, MA: Harvard Business

School Publishing.

Moon Y. (2005), "Break Free from the Product Life Cycle," *Harvard Business Review*, 83 (May) : 86-94, 153.

Moon Y. (2010), *Different: Escaping the Competitive Herd*, New York: Crown Business.

Moorman, C., K. Diehl, D. Brinberg and B. Kidwell (2004), "Subjective Knowledge, Search Locations, and Consumer Choice," *Journal of Consumer Research*, 31 (3) : 673-680.

Nam, M. and B. Sternthal (2008), "The Effects of a Different Category Context on Target Brand Evaluations," *Journal of Consumer Research*, 35 (4) : 668-679.

Narayana, C. L. and R. J. Markin (1975), "Consumer Behavior and Product Performance: An Alternative Conceptualization," *Journal of Marketing*, 39 (4) : 1-6.

Nierop, E. V., B. Bronnenberg, R. Paap, M. Wedel and P. H. Franses (2010), "Retrieving Unobserved Consideration Sets from Household Panel Data," *Journal of Marketing Research*, 47 (1) : 63-74

Novak, T. P. (1993), "Log-Linear Trees: Models of Market Structure in Brand Switching Data," *Journal of Marketing Research*, 30 (3) : 267-287.

Novak, T. P. and C. Stangor (1987), "Testing Competitive Market Structures: An Application of Weighted Least Squares Methodology to Brand Switching Data," *Marketing Science*, 6 (1) : 82-97.

Olson, E. G. and D. Sharma (2008), "Beating the Commoditization Trend: A Framework from the Electronics Industry," *Journal of Business Strategy*, 29 (4) : 22-28.

Oxenfeldt, A. R. and W. L. Moore (1978), "Customer or Competitor: Which Guideline for Marketing," *Management Review*, 67 (8) : 43-48.

Park, C. W. and V. P. Lessig (1981), "Familiarity and Its Impact on Consumer Decision Biases and Heuristics," *Journal of Consumer Research*, 8 (2) : 223-230.

Park, C. W., D. L. Mothersbaugh and L. Feick (1994), "Consumer Knowledge Assessment," *Journal of Consumer Research*, 21 (1) : 71-82.

Paulssen, M. and R. P. Baggozzi (2005), "A Self-Regulatory Model of Consideration Set Formation," *Psychology and Marketing*, 22 (10) : 785-812.

Payne, J. W. (1982), "Contingent Decision Behavior," *Psychological Bulletin*, 92 (2) : 382-402.

Peracchio, L. A. and A. M. Tybout (1996), "The Moderating Role of Prior Knowledge in Schema-Based Product Evaluation," *Journal of Consumer Research*, 23 (3) : 177-192.

Raju, P. S., S. C. Lonial and W. G. Mangold (1995), "Differential Effects of Subjective Knowledge, Objective Knowledge, and Usage Experience on Decision Making: An Exploratory Investigation," *Journal of Consumer Psychology*, 4 (2): 153-180.

Ramaswamy V. and W. S. DeSarbo (1990), "SCULPTURE: A New Methodology for Deriving and Analyzing Hierarchical Product-Market Structures from Panel Data" *Journal of Marketing Research*, 27 (4): 418-427.

Rao, A. R. and K. B. Monroe (1988), "The Moderating Effect of Prior Knowledge on Cue Utilization in Product Evaluations," *Journal of Consumer Research*, 15 (2): 253-264.

Rao, V. R. and D. J. Sabavala (1981), "Inference of Hierarchical Choice Processes from Panel Data," *Journal of Consumer Research*, 8 (1): 85-96.

Ratneshwar, S., C. Pechmann and A. D. Shocker (1996), "Goal-Derived Categories and the Antecedents of Across-Category Consideration," *Journal of Consumer Research*, 23 (3): 240-250.

Ratneshwar, S. and A. D. Shocker (1991), "Substitution in Use and the Role of Usage Context in Product Category Structures," *Journal of Marketing Research*, 28 (3): 281-295.

Ratneshwar, S., A. D. Shocker and D. W. Stewart (1987), "Toward Understanding the Attraction Effect: The Implications of Product Stimulus Meaningfulness and Familiarity," *Journal of Consumer Research*, 13 (4): 520-533.

Reimann, M., O. Schilke and J. S. Thomas (2010), "Toward an Understanding of Industry Commoditization: Its Nature and Role in Evolving Marketing Competition," *International Journal of Research in Marketing*, 27 (2): 188-197.

Rudell, F. (1979), *Consumer Food Selection and Nutrition Information*, New York: Praeger.

Russell, G. J. (1992), "A Model of Latent Symmetry in Cross Price Elasticities," *Marketing Letters*, 3 (2): 157-169.

Russell G. J. and R. N. Bolton (1988), "Implications of Market Structure for Elasticity Structure," *Journal of Marketing Research*, 25 (3): 229-241.

Russell G. J., R. E. Bucklin and V. Srinivasan (1993), "Identifying Multiple Preference Segments from Own- and Cross-Price Elasticities," *Marketing Letters*, 4 (1): 5-18.

Russell, G. J. and W. A. Kamakura (1994), "Understanding Brand Competition Using Micro and Macro Scanner Data," *Journal of Marketing Research*, 31 (2): 289-303.

Shapiro, S. (1999), "When an Ad's Influence is Beyond Our Conscious Control: Perceptual and Conceptual Fluency Effects Caused by Incidental Ad Exposure," *Journal of Consumer Research*, 26 (1): 16-36.

Shapiro, S., D. J. Macinnis and S. E. Heckler (1997), "The Effects of Incidental Ad Exposure on the Formation of Consideration Sets," *Journal of Consumer Research*, 24 (1): 94-104.

Shocker, A. D., M. Ben-Akiva, B. Boccara and P. Nedungadi (1991), "Consideration Set Influences on Consumer Decision-Making and Choice: Issues, Models, and Suggestions," *Marketing Letters*, 2 (3): 181-197.

Shugan, S. M. (1987), "Estimating Brand Positioning Maps Using Supermarket Scanning Data," *Journal of Marketing Research*, 24 (1): 1-18.

Siddarth, S., R. E. Bucklin and D. G. Morrison (1995), "Making the Cut: Modeling and Analyzing Choice Set Restriction in Scanner Panel Data," *Journal of Marketing Research*, 32 (3): 255-266.

Simon, H. A. (1947), *Administrative Behavior: A Study of Decision-Making Processes in Administrative Organization*, New York: Macmillan.

Simonson, I. (1989), "Choice Based on Reasons: The Case of Attraction and Compromise Effects," *Journal of Consumer Research*, 16 (2): 158-174.

Simonson, I. and A. Tversky (1992), "Choice in Context: Tradeoff Contrast and Extremeness Aversion," *Journal of Marketing Research*, 29 (3): 281-295.

Stewart, D. W. (1989), "On the Meaningfulness of Sensory Attributes: Further Evidence on the Attraction Effect," *Advances in Consumer Research*, 16 (1): 197-202.

Sujan, M. (1985), "Consumer Knowledge: Effects on Evaluation Strategies Mediating Consumer Judgments," *Journal of Consumer Research*, 12 (1): 31-46.

Tanner, M. A. and W. H. Wong (1987), "The Calculation of Posterior Distributions by Data Augmentation," *Journal of the American Statistical Association*, 82 (398): 528-540.

Train, K. E. (2003), *Discrete Choice Methods with Simulation*, New York: Cambridge University Press.

Urban, G. L., P. L. Johnson, and J. R. Hauser (1984), "Testing Competitive Market Structures," *Marketing Science*, 3 (2): 83-112.

van Trijp, H. C. M., W. D. Hoyer and J. J. Inman (1996), "Why Switch? Product Category-Level Explanations for True Variety-Seeking Behavior," *Journal of Marketing Research*, 33 (3): 281-292.

Weitz, B. A. (1985), "Introduction to Special Issue on Competition in Marketing," *Journal of Marketing Research*, 22 (3): 229-236

Wernerfelt, B. (1995), "A Rational Reconstruction of the Compromise Effect: Using Market Data to Infer Utilities," *Journal of Consumer Research*, 21 (4): 627-633.

Wright, P. and F. Barbour (1977), "Phased Decision Strategies: Sequels to Initial

Screening," in M. Starr and M. Zeleny eds., *Multiple Criteria Decision Making: North Holland TIMS Studies in the Management Science*, Amsterdam, North-Holland: North-Holland Publishing Company: 91-109.

Yi, Y. (1993), "Contextual Priming Effects in Print Advertisements: The Moderating Role of Prior Knowledge," *Journal of Advertising*, 22 (2): 1-10.

Zenor, M. J. and R. K. Srivastava (1993), "Inferring Market Structure with Aggregate Data: A Latent Segment Logit Approach," *Journal of Marketing Research*, 30 (3): 369-379.

索　引

● アルファベット

AIC　→赤池情報量規準
FM　→精通性
HPD（最高事後密度区間）　109
IIA 仮定　63, 138
MCMC 法　→マルコフ連鎖モンテカルロ法
OK　→客観的知識
SK　→主観的知識
Z の法則　184

● あ　行

赤池情報量規準（AIC）　100
異質的同質性　16
イノベーションのジレンマ　14
影響力　124, 131, 156

● か　行

階層因子分析モデル　104, 108
価格感度　90
価格弾力性　64
確率的選択モデル　102
感受性　124, 130, 155
客観的知識　84, 86
競争コンテクスト効果　63, 128, 175, 180
　――による脱コモディティ化戦略　180
　脱コモディティ化戦略としての――　69
　逐次決定的な消費者選択行動における――　66, 153
　同時決定的な消費者選択行動における――　64
競争市場構造分析　28, 33
クラスター・デンドログラム　39
攻撃力　124
広告感度　90
交差弾力性　33, 65
行動経済学　60
行動データ　25, 30, 75
考慮集合　25, 28, 79, 80
コモディティ化　2, 13, 14, 16
コンテクスト効果　60
コンビニ・コーヒー　10

● さ　行

差別化戦略　41
刺激付き選好　80, 82, 153
刺激なし選好　80, 153
持続的技術　14
主観的知識　84, 88
消費者選択行動（性向）　24, 39
　逐次決定的な――　34, 152, 172
　同時決定的な――　34, 122, 148
消費者知識　83
進歩の逆説　16
脆弱性　124
精通性　84, 86
セブンプレミアム　4, 5, 6
潜在的ロイヤルティ　31
選択機会の異質性　34
専門知識力　67, 84

想起集合　27

●た　行

対比効果　67
対面集合　28
妥協効果　62, 64
多重共線性　99
脱コモディティ化戦略　179
ディスティネーション・マーケティング　183, 185
訂正対比効果　67, 171
同化効果　67, 171
同質化戦略　40
トップバリュ　5

●な　行

内的参照価格　171
認知的なアクセス容易性　67, 171

●は　行

破壊的イノベーション　14
破壊的技術　14
バラエティ・シーキング（性向）　31, 52, 89
判断データ　24, 30, 75

ブースト率　143
プライミング効果　66, 170
ブランド・カテゴライゼーション　27
ブランド考慮率　39, 47, 49
ブランド・コミットメント　30
ブランド・スウィッチング　33
ブランド選好　38, 49
ブランド・ロイヤルティ（性向）　29, 52, 89
プロダクト・マップ　38

●ま　行

マーケティング競争　9, 174
マーケティング戦略資源　17, 69, 180, 186
マルコフ連鎖モンテカルロ（MCMC）法　106, 157
見せかけのロイヤルティ　30
魅力効果　61
無関係な代替案からの独立の仮定　→IIA 仮定

●や，ら行

有機的共謀　16
レッドオーシャン　13

◆ 著者紹介

勝又 壮太郎（かつまた・そうたろう）

2011年，東京大学大学院経済学研究科博士課程修了
2011年，長崎大学経済学部准教授
現　在，大阪大学大学院経済学研究科准教授，博士（経済学）
主　著：「市場創造と成熟過程における社会的関心の推移──新聞記事から読み解く市場の変質」（共著），『消費者行動研究』近刊。
　　　　"Individual-Level Store Visit Analysis Using a Spatial Segmentation Model," *Behavoirmetrika*, 41（2）: 169-194, 2014.

西本 章宏（にしもと・あきひろ）

2011年，慶應義塾大学大学院経営管理研究科後期博士課程単位取得退学
2011年，小樽商科大学商学部准教授
現　在，関西学院大学商学部准教授，博士（経営学）
主　著：「脱コモディティ化のためのカテゴリー・プライミング戦略──消費者の支払意向額に対するプライミング効果とその調整要因」（共著），『流通研究』近刊。
　　　　『外部マーケティング資源としての消費者行動──市場の異質性から競争優位を獲得する』有斐閣，2015年。

競争を味方につけるマーケティング
──脱コモディティ化のための新発想

Competitive Context as Marketing Resources:
The New Ideas for Avoiding Commoditization

2016年2月25日　初版第1刷発行

著　者	勝又　壮太郎
	西本　章宏
発行者	江草　貞治
発行所	株式会社 有斐閣

郵便番号101-0051
東京都千代田区神田神保町2-17
電話　(03) 3264-1315〔編集〕
　　　(03) 3265-6811〔営業〕
http://www.yuhikaku.co.jp/

印刷・大日本法令印刷株式会社／製本・大口製本印刷株式会社
©2016, Sotaro Katsumata, Akihiro Nishimoto. Printed in Japan
落丁・乱丁本はお取替えいたします。
★定価はカバーに表示してあります。

ISBN 978-4-641-16468-0

JCOPY　本書の無断複写（コピー）は、著作権法上での例外を除き、禁じられています。複写される場合は、そのつど事前に、(社)出版者著作権管理機構（電話03-3513-6969, FAX03-3513-6979, e-mail:info@jcopy.or.jp）の許諾を得てください。

本書のコピー、スキャン、デジタル化等の無断複製は著作権法上での例外を除き禁じられています。本書を代行業者等の第三者に依頼してスキャンやデジタル化することは、たとえ個人や家庭内での利用でも著作権法違反です。